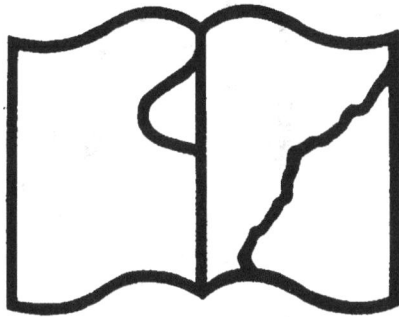

Couverture inférieure manquante

Début d'une série de documents en couleur

P. FAGOT

(Pierre Laroche)

FOLKLORE

DU LAURAGUAIS

PREMIÈRE PARTIE

Chants spéciaux. — Poésies pastorales : Pastourelles. — Poésies
religieuses : Noëls.

ALBI
IMPRIMERIE HENRI AMALRIC

1891

PAGE(S) VIERGE(S)

Fin d'une série de documents
en couleur

FOLKLORE

DU LAURAGUAIS

P. FAGOT

(PIERRE LAROCHE)

FOLKLORE

DU LAURAGUAIS

PREMIÈRE PARTIE

Chants spéciaux. — Poésies pastorales : Pastourelles. — Poésies religieuses : Noëls.

ALBI

IMPRIMERIE HENRI AMALRIC

1891

FOLKLORE DU LAURAGUAIS

INTRODUCTION

On donne le nom de *Folklore* à l'ensemble
des traditions, des croyances et de la littérature populaires. L'étude de ces traditions,
de ces croyances et de cette littérature a
entraîné la formation de sociétés ou la publication de recueils spéciaux chez les principales nations européennes. En France, une
revue, appelée *Mélusine* et fondée en 1877
par MM. Gaidoz et Eugène Rolland, a pour
mission spéciale de condenser, pour mieux
les faire connaître, les divers éléments du
Folklore épars çà et là.

De tous côtés, des travailleurs ont surgi
pour recueillir et noter avec soin les pro-

duits de la littérature populaire, surtout
après le mouvement soulevé par Fourtoul,
ministre de l'instruction publique, qui, de
1852 à 1855, entreprit une vaste enquête
sur les poésies populaires de la France, dont
le résultat se trouve déposé aux archives de
la bibliothèque nationale. La Gascogne, le
Bas-Languedoc et la Provence, ont apporté
au Folklore un bon contingent, comme nous
le verrons plus tard. Seul le Haut Languedoc, ayant pour capitale Toulouse, siège de
la maintenance félibréenne d'Aquitaine et
comprenant l'entier Lauraguais, est vierge,
à notre connaissance du moins, de toute
publication sur ce sujet.

C'est pour combler en partie cette lacune
que nous nous proposons de tracer aujour-
d'hui pour nos compatriotes une légère
esquisse de nos traditions populaires.

A quoi bon, dira-t-on, une pareille étude?
Sans doute, un simple attrait de curiosité
pour l'homme superficiel ; mais étude réel-
lement attrayante pour le chercheur qui

tient à aller au fond des choses. Des pro-
blèmes d'un grand intérêt se dressent dès
l'abord devant les travailleurs s'adonnant à
l'étude du Folklore.

D'où viennent les traditions populaires?
Sont-elles nées, comme on l'a prétendu
longtemps, sur le sol où elles vivent encore?
ou bien ont-elles un berceau commun, d'où
elles se sont répandues un peu partout,
véritables oiseaux voyageurs qui changent
de plumage en stationnant au milieu des
diverses régions, ainsi que l'affirment le plus
grand nombre? Dans ce dernier cas, est-il
possible de préciser le berceau de leur
origine?

Peut-on dire si elles sont le produit spon-
tané du génie du peuple ou bien si elles
ont été composées et écrites par des lettrés
et recueillies par la bouche du paysan, qui
a servi de véhicule à leur transmission?

Quelle est l'époque probable de leur éclo-
sion? Ont-elles traversé, en s'altérant, une
longue série de siècles, surtout depuis le

début de la période Gallo-Romaine ? ou bien ont-elles vu leur floraison au quinzième siècle, après avoir pris naissance au quatorzième, comme le veut le savant M. Gaston Paris dans un ouvrage récent (1) ? Enfin, seraient-elles nées sur plusieurs points ?

Autant de questions qu'il est impossible de résoudre sans avoir sous le main des matériaux considérables. C'est pour ce motif que de nombreux ouvriers ont apporté leur pierre à l'édifice, c'est pour ce même motif que nous croyons utile de faire connaître aux lecteurs du *Lauraguais*, surtout à présent qu'ils en auront compris l'importance, l'ensemble de nos traditions populaires recueillies par nous de la bouche de nos derniers paysans.

Ces traditions se dissipent, s'évanouissent insensiblement, et il est probable que, dans quelques années, elles seront passées à l'état de simple souvenir. Déjà, dans les villes et

(1) *Chants populaires du Piémont*, gr. in-4°, 40 pages. Paris, imprimerie nationale, 1890.

les bourgs, elles se sont affaiblies considéra-
blement et, seule, la campagne les conserve
encore comme un écho lointain des idées
d'autrefois. Les refrains à la mode rempla-
cent les jolies pastourelles et les naïves
chansons des temps anciens. L'instruction
obligatoire inculque dès le bas âge dans
la cervelle de l'enfant les vocables de la
langue française, qui s'y entassent et finis-
sent par chasser les mots patois, entendus
au moment où il commençait à peine à
bégayer. Aussi sourit-il de pitié en enten-
dant le *pipi* ou la *ménino* chanter ou racon-
ter les traditions ancestrales en idiome languedocien.

Pauvre idiome qui subis toi-même la
même transformation et es obligé de te mo-
derniser pour exprimer les termes propres
des récentes découvertes scientifiques. Tu
dégénères journellement, et, dans quelques
années, ceux qui t'emploieront seront con-
sidérés comme les fossiles d'un ordre de
choses disparu, tombé dans le domaine de

la science préhistorique. Avant ta disparition complète, nous avons tenu à recueillir
pieusement tes derniers soupirs pour te
sauver de l'oubli et permettre à ceux qui
viendront plus tard de reconnaître ta vitalité.

Les principales sources du Folklore sont :
les pastourelles, les chansons, les charivaris, les Noëls et autres poésies religieuses,
les élégies, les rondes, les berceuses, les
devinettes, les proverbes, les formulettes;
les contes, les superstitions, les jeux, les
fêtes, les coutumes, les dictons, etc.

Nous donnerons successivement des notions
générales sur chacun de ces sujets, en les
comparant, autant que possible, avec ceux
des régions voisines.

Le champ étant assez vaste, ainsi qu'il
est facile de s'en apercevoir, nous ferons un
nouvel appel aux lecteurs du *Lauraguais*,
espérant que la plupart d'entre eux voudront
nous aider à mener à bonne fin une entre-
prise si locale et correspondant en tous
points aux vues des fondateurs du journal.

I

LES PASTOURELLES

Les pastourelles sont des églogues en miniature ou des idylles que l'on chante généralement en gardant les troupeaux, et durant les soirées d'automne, en dépouillant l'épi du maïs de son enveloppe (*en des-coulefan*). Presque toutes sont sur le thème si connu du *Monsieur et la Bergère* ; aussi sont-elles obligées de racheter la pauvreté de l'invention par la variété du rythme. Il va sans dire que le Monsieur parle presque toujours en français et que la Bergère répond en dialecte local. Quelques-unes retracent des dialogues entre paysan ou berger et bergère. Dans ce cas, le patois est toujours employé. Il nous sera facile de donner des exemples.

Le Monsieur et la Bergère

FRANÇAIS-PATOIS

LE CHASSEUR ET LA BERGÈRE

Il est une bergère
Qui, gardant son troupeau,
Sur la verte fougère,
Vit, au bord d'un ruisseau,
Un jeune homme à la chasse,
Hélas ! son cœur surpris,
Voyant sa belle grâce,
En fut sitôt épris.

Le jeune homme au plus vite
Alla la saluer,
Lui disant : Ma petite,
Etes-vous sans berger ?
— Oh bé, moussu, pecayre,
Soul'ambe mon troupel,
N'e pos cap de fringayre
Ni cap de pastourel.

— Permettez-moi, ma chère,
De prendre un doux baiser,
Vos yeux sont faits pour plaire,
Votre cœur pour aimer.
— Moussu, n'abets qu'a faïre
Tout ço que bous playra,
Se yeu podi bous playre
Prenets sans demanda,

— Ah ! l'agréable chasse
Que j'ai faite aujourd'hui :
Au lieu d'une bécasse,
J'ai pris une perdrix.
— Nou diuriots pas, pecayre,
Bous banta d'aquel cop ;
Quoique siots boun cassayre,
Toucarets pos tout cop !

LE SEIGNEUR ET LA BERGÈRE

Veux-tu venir, mon aimable bergère,
Dans mon château, maitresse pour toujours ?
Tu porteras des rubans, des dentelles,
Je t'ornerai des plus riches atours.
— Nani, Moussu, boli pas ;
Quoique simplo bergero,
M'aymi may moun amic Lucas
Que tant de flaflas.

— Mais, cependant, vois donc la différence
D'être obligée à garder ton troupeau
Ou d'avoir l'or toujours en abondance
Et posséder un superbe château.
— N'ani, Moussu, boli pas ;
Quoique simplo bergero,
Maymi may moun amic Lucas
Que tant de flaflas.

— Viens avec moi terminer ta carrière,
Tu n'es pas née pour garder des brebis,
Tes beaux appas sont cachés sous la serge,
Remplace-la par soie et par rubis.

— Nani, Moussu, boli pas ;
La sedo es trop fino,
M'aymi may moun estoupas,
Que s'esquisso pas.

— Si tu savais, mon aimable bergère,
Tout le tourment que je souffre par toi,
Je vais bientôt mourir sur la fougère
Si de mon cœur tu n'accomplis le souhait.
    — Mourisquats quand bous playra,
    Ne soun counsoulado,
    Pour bu que posque counserba
    Moun amic Lucas.

— Adieu, adieu, trop cruelle bergère,
Puisque ton cœur n'aime que ton Lucas,
Sois-lui toujours bien fidèle, ma chère,
Et moi je vais ailleurs guider mes pas.
    — Anàts boun ount bous playra,
    Fasets bouno casso,
    Et surtout ajustats pla
    Per pas bous troumpa !

LE MONSIEUR ET LA BERGÈRE

Où vas-tu, charmante bergère,
Où vas-tu déjà si matin,
Avec ta robe si légère
Et ton joli blanc petit chien ?
Viens avec moi, viens, ma mignonne,
Je te ferai joli cadeau,
Car un jour tu seras baronne
De mon bien et de mon château.

— Oh, Moussu, aro yeu bous disi :
Nou bous trufets pas tant de yeu,
N'e autant à bostre serbici ;
Filats, filats, escapats-bous.
Bous que bantats le parterro
Yeu boli banta le jardi ;
Y a de flous que poussoun tant belos,
Las arrosi souer et mayti.

— Quel bonheur pour toi, ma bergère,
D'avoir un jardin si charmant,
Dédaignant les offres réelles
Du plus beau de tous les amants.
Je garderai pour toi, la belle,
Le plus beau de tous mes chevaux,
Si cela peut te satisfaire,
Viens-t'en vite dans mon château.

— Quand seriots cinq cops pus aymable,
Bous tenets un pauc trop courbat,
Se troubats, anats boun al diable,
Yeu me boli pas marida.
Yeu, Moussu, soun uno bergero,
Aurio poou dins bostre castel,
Boli resta dins ma chaumièro,
M'aymi may garda moun troupel.

— Tu serais cent fois plus heureuse
D'avoir un mari tel que moi,
Il me paraît que *tu es* peureuse
Refusant d'aller avec moi.

Tu porterais brillante robe,
Tu gonflerais comme un ballon,
Tu sais que c'est bien à la mode,
Laisse donc, belle, tes moutons.

— Yeu soun pos la filho d'un pintre,
Couneissi ta pla las coulous,
Debinats ço que boli dire,
Yeu, Moussu, nou soun pas per bous.
Roulats bite bostro boueturo,
Filats-bous dins bostre castel,
Car creiriots de trapa la luno
Per la mettre dins bostre capel.

L'AMOUREUX ET LA BERGÈRE

Adieu, bonjour, mon aimable bergère.
— Eh bé, Moussu, qu'es aco que boulets ?
— Que tes moutons paissent sur la fougère...
— Nani, Moussu, gardi mous agnelets.
— Entrons tous deux, entrons dans le bocage,
— Nani, Moussu, cregni pas le soulel.
— Je voudrais bien avoir ton cœur en gage,
— N'ey un berge que le gardo per el.
— Qu'il est heureux, ce berger, ma bergère.
— Dayssats le fa, se crei pas malhurous.
— Pourquoi, bergère, es-tu si rigoureuse ?
— Et bous, Moussu, per qu'ets tant amourous?
— Si je le suis, c'est pour te rendre heureuse.
— Et yeu, Moussu, per me foutre de bous.

PATOIS

—

JANTIO PASTOURO

Yeu de boun joun, Jantio pastouro,
Yeu bous bouldrio parla uno houro,
Assietado jouts un prunié,
Acui jouarion al dinie.

— Moussu, me tendrets escusado
Per que ma mayre m'a cridado,
Quand tournarets douma mayti,
Troubarets la pastouro aici.

Le Moussu n'a pos mancat l'houro,
Le joun qu'abio dit la pastouro,
En tournan sur le mémo loc
Trobo pas la pastouro en loc.

La pastouro n'es en finestro
Que penjeno sa blanco testo,
Sa blanco testo et soun pel rous,
Se trufan de soun amourous.

— Se te tenio, jantio pastouro,
Se te tenio à la mémo houro,
Ta mayre poudrio pla crida
Que te laissario pos ana.

2

PASTOURELETO

Pastoureleto, l'autre joun,
En gardan sas aueiletos
Bey un janti Moussu tout loung
Couchat sus las herbetos.
    — Q'es aco ?
— Moussu, cridets pos trop,
Acampi de biuletos.

Poudets beni souer et mayti
Que la prado n'es tant belo,
Poudets beni souer et mayti
Culhi la flou noubelo
    Ques aqui.
Apey pouirio beni
L'amour de la pastourelo.

— Yeu te bejegui l'autre joun
Soulo ambe toun fringayre
Que te palpao le genoul
Et may le laissabes fayre.
    Au e bist
Et may n'e pos re dit
Perço que soun pos parlayre.

Filhos que croumpats caromen
L'oli per bostre fringayre,
Tournats le bendre bitomen
Qu'aco nous bous serbirio gayre ;
    Es pu dous
Quand on es amourous
D'estre à l'escur qu'à l'esclayre.

————

Le Berger et la Bergère

BERGERO NANETO

Moun paîre m'a louado
Per garda de moutous,
Mes les gardi pas soulo,
Ne louat un pastou ;
Bergero Naneto, bergero Nanou.

A cado rebirado
Me demando un poutou.
— Un poutou n'es pas grand causo,
Moussu, prenets boun dous ;
Bergero Naneto, bergero Nanou.

— Au dire à ta mayre,
Drollo, que fas l'amour.
— Ma mayre l'a prou faîto
Aro es a moun tour ;
Bergero Naneto, bergero Nanou.

LE PALOT

Un joun dins le bouscatge,
Me proumenan tout soul
Per un rastoul
Bejegui un maynatge
A trabets le rastoul.

Y jeti la guignado
Per beze se benio
  Ou que fasio.
Elo s'es aprouchado,
E m'a dit que boulio.

— Jantio pastoureleto,
Bous bouldrio dire un mot
  S'aco se pot.
Sietats bous sur l'berbeto,
Pausats bostre fagot.

— Le fagot que yeu porti
Es un pauc espinous
  E dangerous,
Mentre que bous exhorti
Prenets gardo as bouissous.

En ço que y ajudabi
A carga le fagot
  Coumo un palot
As bouissous m'estrouncabi,
Sans gauza dire un mot.

Yeu li e jouat un aïre
Que m'a calgut cessa
  Sans pus tarda,
Mes e sapiut y playre
E s'es meso à m'ayma.

Aprep touto ressourço,
Me soun tirat countent
  Et bitomen
E pres dedins ma bourso
Per li fa un presen,

LE POUTOU

L'autre joun me passejegui
Tout le loung d'un grand ribal ;
Uno bergero rencountregui
Que pourtabo ço que li cal,
E yeu per touto douçou
Li cántegui uno cansou.
Les poutous de las bergeros
Sentoun à flour de bouissou
E las de las doumaiselos
A la gigo de moutou ;
E yeu per touto douçou
Li fasquegui un poutou.

LAS AMISTADETOS

N'es arribat un pastou
(D'aco n'es pos gayre) ;
N'es arribat un pastou
D'un ta bel aire
Que charmabo la que bol,
Se yeu sabi li playre
Li dounare moun cor.
— Belo, yeu t'aimario
Se m'eros fideleto,
Anen, touquen maneto
E faï me le sermen
Que tas amistadetos
Duraran pla loungtems.

II

LES NOELS

Les Noëls étaient très en faveur dans le Lauraguais durant les dix-septième et dix-huitième siècles. Depuis le commencement du siècle actuel, le nombre des églises où ils sont encore chantés diminue de jour en jour. Si quelques-uns ont été sauvés de l'oubli, c'est qu'ils ont été copiés ou recueillis par des prêtres, des religieuses et des chantres. Nous avons pu ainsi nous procurer quelques manuscrits, notamment un, assez volumineux, ayant appartenu à un ancien chantre de la paroisse d'Odars. D'autres sont insérés dans des recueils de cantiques français conservés par les Sœurs pour être appris aux jeunes filles de leurs écoles.

Comme dans les Pastourelles, nous trouvons des Noëls français-patois ou écrits complètement en idiome languedocien. Dans le premier cas, c'est toujours un dialogue entre les anges s'exprimant en français et les bergers répondant en patois. Dans le second cas, plus fréquent, il existe une foule de variétés de compositions.

Nous commençons par donner les Noëls français-patois.

FRANÇAIS-PATOIS

—

1

L'Ange

Jeunes bergers,
Quittez ces rochers,
Venez dans la plaine.
Laissez vos troupeaux,
Venez au hameau
Goûter le repos.
Un Dieu plein d'amour
Vient en ce beau jour

Briser votre chaîne,
Vient vous rendre heureux,
Et du haut des cieux
Vient remplir vos vœux.

Les Bergers

Quino clartat,
Ne soun estounat,
Que luzis dins l'ayre !
May res de pus bel
Nou s'es bist al cel ;
Acos'un angel,
Au e regardat
A may pla clucat ;
Ah ! quin poulit ayre !
Oh ! soun may de dous,
Aco n'es curious,
Que lou cant es dous.

L'Ange

Heureux pasteurs,
Pour votre bonheur
C'est dans une étable
Qu'une Vierge a produit,
Le soir, vers minuit,
Le Sauveur prédit.
Allez l'adorer,
Il vient nous sauver
Ce Dieu tant aimable.
De tout le genre humain
C'est le souverain ;
Tendez-lui la main.

Les Bergers

Sans cap de souci,
Dayssi tout aïci
E seguissi l'anjo,
Me counduisira
E m'ensegnara,
Per yeu parlara
Aquel ambassadou,
Aquel Diu tant bou,
Quino causo estranjo !
Per nous durbi le cel
A pres nostro pel,
Miracle noubel !

2

L'Ange

Pasteurs, éveillez-vous,
Allez voir le Messie,
Il est né de Marie,
Il est dans un bas lieu pour nous sauver à tous,
Pasteurs, éveillez-vous.

Les Bergers

Diguats nous qui siots bous
Que tustats à la porto
De gens de nostro sorto,
Ne parlan pos francès en gardan les moutous,
Diguats nous qui siots bous.

L'Ange

Je suis l'ange du ciel
Qui porte la nouvelle
A la Vierge pucelle,
Qui du ciel aperçoit le fils de l'éternel,
Je suis l'ange du ciel.

Les Bergers

Nous autres crezen pus
Qu'aco posque se fayre
Que d'uno bierjo mayre
L'efan-Diu sio nascut; qu'aco se sio pouscut,
Nous autres crezen pus.

L'Ange

Croyez-le, mes amis,
Car c'est un grand mystère,
C'est Dieu qui peut le faire,
Car il est tout-puissant, car il nous l'a promis,
Croyez-le, mes amis.

Les Bergers

Toutis d'un boun accord
Le boulen ana beïré.
Se bous play de nous dire
L'endreit ount es nascut, anan parti d'abord
Toutis d'un boun accord.

L'Ange

Allez à Bethléem,
Entrez dans une étable,
Dans ce lieu misérable,
C'est là que vous verrez le petit enfant né.
Allez à Bethléem.

Les Bergers

Cal parti proumptomen
Sans tarda d'abantatgé,
Berges, aquel mainatge,
Li faren un presen à la Bierjo jazen.
Cal parti proumptomen.

L'Ange

A Jésus incarné
Allons donc faire offrande,
C'est un cœur qu'il demande.
Chantons-lui des Noëls, car pour nous il est né
Ce Jésus incarné.

———

3

L'Ange

Que tout l'univers
Aujourd'hui se réjouisse,
Que tout retentisse
Des plus doux concerts.

Dieu vient sur la terre
Pour finir la guerre
De l'homme pécheur
Avec son séducteur.
Mortel, prends courage,
Sors de l'esclavage,
Dieu, par sa bonté,
Nous met en liberté.

Margarido.

Augissets, Miquel,
La cansou tant charmanto,
Aquel que la canto
Diu estre un angel.
Sa bouts tant poulido
M'a touto rabido,
Nous cal desperta
Per milhou l'escouta.
Aï ! bezi l'esclayre,
Es dounc joun, pecayre !
Miquel, lebats bous,
Siots pas tant paressous.

Miquel

Daysso m'en repaus,
E la som que me deboro
Sourti pas deforo
Quand e les pes cauds.
Rebos, Margarido,
Es mieit'endourmido,

Resto dins toun lieit.
N'es pos miejoneit,
Augissi la briso
Quo deforo briso,
Toumbario malaut,
Nou soun pos tant nigaud.

L'Ange

Bergers, levez-vous,
C'est un Dieu qui vous appelle,
A cette nouvelle,
Venez, courez tous.
Sa bonté suprême,
Son amour extrême
Lui fait tout souffrir
Pour ceux qu'il doit punir ;
Et, si sa justice
Exige un supplice,
Ce n'est pas sur lui
Qu'il se venge aujourd'hui.

Margarido

Quand un autro fe
Bous dire que quicon crido
Sur la bouts augido,
Miquel, ba creyrets.
N'en doutets pas brico
Qu'aquelo musico
Bengue d'un angel
Qu'es embouyat del cel.

Dounc, yeu me bestissi
Et d'abord sourtissi,
Bous dayssi dourml,
M'en bau fa moun cami.

Miquel

Margarido, attend.
Aniren toutis en masso,
Qualque tems que fasquo,
Al mens un moument,
Car yeu, s'e doutat
De ço qu'e rebat
Sens estre endourmit,
Au e tout augit;
Perque Diu me crido,
Soun de la partido,
Mes ount cal ana
Per se milhou trouba ?

L'Ange

Bethléem est le lieu,
Et dans une vieille étable
Comme un misérable
Est né ce grand Dieu.
Couché sur la dure,
Il souffre, il endure
Réduit dans un coin,
Couvert d'un peu de foin,
Tout baigné de larmes,
Il a mille charmes,
Malgré ses douleurs
Il gagne tous les cœurs !

4

Les Anges.

Noël! Noël! oh! quel bonheur!
Jésus est né, venez tous, qu'on l'adore.
Noël! Noël! oh! quel bonheur!
Jésus est né, portons-lui notre cœur.

Un jeune Berger.

Quin soun charmant esclato dins la plano,
Quino clartat sur l'estable luzis!
Sourtets, pastous, quitats bostro cabano,
Benets joui d'uno neit que rabis.

Un vieux Berger.

Lès els, amic, la neit, fan binbarelos,
Tu bezes lums quand tout es atudat;
Les bouraties an brandit las esquilos,
Garo t'aqui le soun que t'a charmat.

Le jeune Berger.

Yeu soun pas sourd, entendi pas d'esqúilos,
Mes des angels le pus charmant councert.
Mous els, pla nets, me fan pas pimpanelos,
Bezi fort pla le cel ques tout dubert.

Le vieux Berger.

Calo-te dounc, soun pas que balourdisos,
Perdes toun temps, sautan pas ta mayti,
Gardo per tu de bisious tant poulidos,
Tampo l'estable et daysso-me dourmi.

Le jeune Berger.

Couro s'es bist unò talo pigresso ?
Lebats bous dounc, tout luzis dins le cel.
Le qu'aymo Diu n'a ni fred ni paresso,
Lebats bous dounc et fermats le troupel.

Le vieux Berger.

Bejen, bejen, oh ! moun Diu, quin miracle,
La noyt fa joun, les anges soun aïci !
Quin bel councert, quin rabissent speocacle !
Pastres, benets ba beze, ba augi.

Les Anges.

Gloire au très Haut, qui dans les cieux habite;
Paix aux humains ! un Dieu sauveur est né !
Allez, bergers, son amour vous invite
A l'adorer en ce jour fortuné.

Le vieux Berger.

Oh ! grand merci de la bouno noubelo ;
Jantis angels, fazen ço qu'abets dit
Et leu des pes bestits noous, capo belo,
Benguen, benguen à l'estable benit.

Le Chœur.

Dins la grangeto
Cal beze de dintra,
De la Biergeto
Per soun Fil adoura.

D'ambe nostres esclops
Tusten dous ou tres cops,
Beleu que qualque angel la porto durbira
De la grangeto.

Les Anges.

Dans Bethléem, au milieu d'une étable,
Vous trouverez et la mère et l'enfant.
La pauvreté couvre son corps aimable,
L'humilité cache le Tout-Puissant.

Le Chœur.

Bel efantet, arribat sur la terro
Per nous pourta la pats et le salut,
Rey de la mort, la dailho se desferro,
Rey, le demoun a soun prouces perdut.
Oh ! quino festo, aymen, aymen, pastous,
Jesus, la Bierjo, Jousep, les angelous.
Toutis, benen adoura ta nayssenço,
Ourna toun bres de las pus belos flous.
A la Bierjo nostro recouneissenço
E nostre amour al grand Diu des pastous.

PATOIS

—

Nous n'avons pu recueillir jusqu'ici qu'un seul Noël patois correspondant assez exactement aux Noëls français-patois ci-dessus. Il nous a été communiqué obligeamment par M. le baron Louis Desazars, de Montgaillard, sous le titre de :

CANTIQUO DEL PIPI TAMPÉ

Les Pastourels.

Quino clartat brillanto
De tout coustat luzis,
O merbeillo estounanto
Nous els soun eblouits.
La lumièro nous embirouno,
Es miejoneït et semblo jour.
De poou nostr' estoumac frissouno,
Qui bendra nous douna secour ?

L'Angel.

Coüssi, pastous, dins uno neït tant belo,
Auriots dounc poou, crendriots qualque dangé ?
Tramblats pas may, bous porti la noubelo
Que rejouis le mounde tout entie.

Les Pastourels.

Grand message que de la cour celesto
Benets trouba le paure pastourel
Diguats nous donc quino festo s'apresto
Esplicats nous le mysteri noubel.
  Anguen, marchen, empressen nous,
  Anguen y randre las aunous.

L'Angel.

  A Bethleem, dins un estable,
  Un pichou maynatge es nascut,
  Jamay pus res de tant aymable
  De tant charmant n'a parescut.

  Aqui troubarets le Messio
  Desempey loung tems atendut.
  Ben s'accoumpli la proufetio,
  Le Saubur del mounde es nascut.

  Pastous, redoublats de couratge,
  En arriban sans may tarda
  As pès d'aquel debin mainatge
  Anats toutis bous prousterna.

Les autres Noëls patois se subdivisent en deux sous-groupes principaux :

1° Les Noëls que nous appellerons savants, à strophes régulières, avec rythmes quelquefois compliqués ;

2° Et les Noëls naïfs, à l'allure de contes rimés.

1° Noëls savants

REFREN

Dejouts uno teulado,
Qu'es tant et may traucado,
Dejouts uno teulado
Naïs le mestre del cel.

1

Aneït, del Fil de Diu la persouno sacrado
Descen, per nous salba, de soun troun immourtel.
Dejouts uno teulado.....

Al Refren.

2

Soun aïmablo bountat dissipo la trumado
Qu'ero prest'a toumba sus l'home criminel.
Dejouts uno teulado...

Al Refren.

3

Rebelllats-bous, pastous. Daïssats dedins la prado,
Sans la crento del loup, païsse bostre troupel.
        Dejouts uno teulado...
                    Al Refren.

4

Uno tant belo neït cal que sio counsacrado
A loua l'amistat de l'efantet noubel.
        Dejouts uno teulado...
                    Al Refren.

5

Le prince des demouns e sa raço damnado
Regagnaran las dents dins le foc éternel.
        Dejouts uno teulado...
                    Al Refren.

6

Aprets quatre mil ans beïren encadenado
La tarriblo furou d'aquel serpen cruel.
        Dejouts uno teulado...
                    Al Refren.

7

El que poudio causi la crambo tapissado
E le lieit le milhou del pus riche castel.
        Dejouts uno teulado...
                    Al Refren.

8

El n'a, per se curbi, ni lançol, ni flassado.
El n'a, per se calfa, ni fagot, ni gabel.
        Dejouts uno teulado...
                    Al Refren,

9

Nous aus que cregnen tant le bent et la tourrado,
Diu nous appren, aneït, a mata nostro pel.
Dejouts uno teulado...

Al Refren.

10

Que del pus tendr'amou nostr'amo penetrado
Se doune pel présent anaquel paour'agnel.

Dejouts uno teulado,
Qu'es tant et maï traucado,
Dejouts uno teulado
Naïs le mestre del cel.

———

1

Quin brut dedins le cel !
Res de ta bel,
Quino musico !...
Quiten nostres troupels
Jugnen nous as angels,
A lours dibins councerts ; que tout se rejouisco
Le Diu tant attendut
Ben per nostre salut.

2

Embiroun miejoneit,
Sans foc ni lieït,
Dins un estable,
Es nascut pauromen
D'uno bierjo jazen.
L'excés de soun amour l'a rendut miserable.

Anguen, sans pus tarda,
Toutis per l'adoura.

3

Le fil de l'Eternel
Quito le cel ;
Ben dins la crècho (1)
Cerca le pecadou,
Li pourta soun perdou.
Admirats soun amou que sans parla nous prècho
Anguen, sans pus tarda,
Toutis per l'adoura.

4

Dins soun humilitat,
Quino bountat !
Es adourable.
L'estat dal pecadou
Fa tinta sa doulou.
Tout inoucen quel es, ben paga pel coupable.
Anguen sans pus tarda,
Toutis per l'adoura.

5

Regardo soun estat :
El fa pietat.
Quino misero !
Aco's per toun pecat
Qu'es dins la pauretat.

(1) Le mot *crècho* devrait être remplacé par *grepio*, le seul usité dans notre idiome. Mais nous avons dû conserver le vocable primitif pour ne point dénaturer la rime.

Aeo's a las passius que ben libra la guerro.
Anguen, sans pus tarda,
Toutis per l'adoura.

6

Recouneïssi moun tort,
Ah ! que moun sort
Es deplourable,
D'abe tant abuzat
De bostro caritat,
Ah ! per me rendre hurous, bous ets dins l'escla-
Anguen sans pus tarda,   [batge.
Toutis per l'adoura.

7

Moun Diu ta pictadous,
Deginouillous,
You bous adori.
Soun un grand pecadou
Agets pietat de you (1).
De tant d'iniquitat, de regrets you me mori.
Ah ! perque ne pecat,
O Diu ple de bountat !

8

Bous ets moun créatou,
Moun salbadou,
Moun païre tendre.

_____

(1) Le *you* devrait être prononcé *yeu*; mais nous
devons conserver l'orthographe toulousaine à cause des
assonances des rimes.

You soun un criminel.
O fil de l'Eternel,
A bostres sants desirs enfin boli me rendre ;
Cambiats, cambiats moun cor ;
Bous serets moun trésor.

9

Counfus, désesperat,
Le cor brisat,
M'anéantissi.
Le péoat bous desplay,
Y tournaré pos may.
Peleu que d'y tourna que milo cops mourissi !
Perdou, moun Diu, perdou
Al paure pecadou !

————

Jouts aqueste feillatge
Benets, pastourelets ;
Jugnets-bouts al ramatge
Des tendres auzelets !
Canten l'efan aymable
Le mestre de la mort
Que nays dins un estable
Per cambia nostre sort.

Prenguen nostros houletos
Menen nostres moutous
Uflen nostros musetos
De cent milo cansous,

Celebren la nayssenço
Del Fil de l'eternel
Qu'aneït dins sa soufrenço
S'es fayt home mourtel.

La puro gourmandiso
De la fenno d'Adam
Fousquec per sa soutiso
Causo de nostre mal !
Hélas ! trop curiuso
Escoutec le serpen ;
Dempey es malhurouso
La raço que ne ben.

Le rey de tout le mounde
Y bol naysse humblomen ;
Per laba l'home immounde
Se met dins le tourmen.
Sa cour es fort mesquino,
Per soulatja sous mals,
Sa persouno dibino
N'a que dous animals.

Glorio bous sio dounado,
Mayre del pur amour.
Sur la paillo couchado,
A Dius dounats le jour.
Sans bres ni couberturo
Per un tems rigourous
L'autou de la naturo
Soufris milo doulous,

Que tout se rejouisco
Per beze dins le cel
Le Diu de la justiço
Douna de frut noubel,
Dins nostro joyo estrêmo
Pourten li nostres bes
Et randen le cel mêmo
Jalous d'aques plazes.

———

Jamay la naturo
N'abio desplegat
Tanto de clartat
Et tant de paruro,
Dins le firmomen uno troupo d'angels
Anounçoun la pats en cantan de Nouèls.

Disoun à la terro
Que per soun bounhur
Li nays un saubur
Qu'acampo la guerro,
Et que la grandou de sa tendro bountat
Ben pourta le pes de nostro iniquitat.

Per bous metre en joyo,
Aimables pastoùs,
Un Dius amistous
Descen de sa glorio.
Per que siots al larg'el s'es mes à l'estret,
Per bous fa seignous el nays coumo un pauret.

Dins un biel estable
Coussi s'es couchat

Et mes dins l'estat
Le pus miserable.
El que nous nouíris, el que nous a tant fayt
Plouro per abe uno gouto de laït.

El que dins la plano
Pays les auzelous
Et des agnelous
Fa creïsse la lano.
Patis de talen, a soun cos tout gelat.
N'a per se curbi qu'un pauc de fe tourrat.

Sa pauro mayreto
Tout en soupiran
Escouto l'efan
Aginouilladeto,
Per para le fret qu'es bengut endura
Dejouts sas aletos ben l'escalfura,

S'es mes en soufrenço
Per bous ensègna
Coussi deben fa
Nostro penitenço ;
Se boulen enfin au sabé coumo cal
Nous cal regarda dins aquel bel miral.

Aco be s'apelo
Uno caritat !
El nous a mountrat
L'exces de soun zelo.
Cependen, hélas ! soun amour qu'es tout foc
Nou s'es atendrit que per de cors de roc !

———————

2° Noëls naïfs

Nous n'avons pu nous procurer jusqu'ici
que des fragments, que nous prions nos
lecteurs de compléter s'ils le peuvent.

1

Aici aben Nadal,
Aben ço que nous cal ;
Uno ta grando festo
Per Jesus-Christ s'apresto,
Nous aus n'aben besoun
Dins aquesté grand joun.

Qui a fait aquel Nouèl ?
Ac'os un home bielh.
Sat pos legi, escriur
N'a pos à fa qu'à biure,
Souben à soun oustal
N'a pos ço qué li cal.
Cado joun à la messo
Dius y douno l'adresso,
Cado joun y anira
Dius le perdounara.

2.

Bounjoun, bounjoun, moun Diu,
E Jousep, e Mario,
N'aben pla l'oucasiu,
Bous port'uno galino

Per fa'l poutagé bou
Per la mer'e l'enfantou
E per Jousep, soun payre ;
Yeu bous port'un capou,
De la miu galiniero
E causit le milhou
Per bous fa bouno chero.
Le Miquel port'un agnel
Le pus bel de soun troupel,
La Jano port'un oulo
D'auco touto coumoulo.
Yeu bous port'un lançol
Per bous fa de pernetos,
Un moucadou del col
Per fa las coufuretos,
La Blasino port'un mandil
Qu'es pla bel et pla jentil,
Un saile la Franceso
Qu'es fait à la bourgeso.

3.

San Miquel
Port'un agnel
Qu'a la lano fino.
Dessus soun capel

Quatorze cardinos
Estacados per un fiel,
Cantaoun, cantaoun,
Per adoura le fil de Diu
Fasiou : richiu, chiu, chiu,
E le saludaoun.
Se presento la Finou
Sul bras de sa mero
Ambe soun blanc coutilhou
Sembl'uno bergero,
Ambe soun frero l'abat
Elis pourtaoun un grand plat
Ramplit de couquetos.....

4.

Digo me, Miquelo,
Bestis te roundomen,
L'anjo nous apelo,
Pren toun abilhomen,
Bay t'en dins la grangeto,
Troubaras san Jousep
Ambe la Biergeto.

Pastous qu'ets dins la prado,
Quitats bostre troupel,
Cargats ço de pus bel,
Un ruban al capel
E la capo floucado,
La garramacho, les esclops,
La cinto roujo, les telots
E la capo floucado.

5.

A la bengudo de Nadal
Quatre capous dins le metal ;
Se le poutatge n'es pos bou
Y metren le cap del ritou.
A la bengudo de Jan Croustet
La sirbento dits al bailet :
— Se y a de bi dins le plene,
Baillo me le, que le beure.

Albi, Imp. Henri Amalric. — 1891 — 708

Couverture inférieure manquante

Début d'une série de documents
en couleur

P. FAGOT
(Pierre Laroche)

FOLKLORE
DU LAURAGUAIS

DEUXIÈME PARTIE

Chants, Jeux, Rondes et Récits
de l'Enfance.

ALBI
IMPRIMERIE HENRI AMALRIC
—
1892

PAGE(S) VIERGE(S)

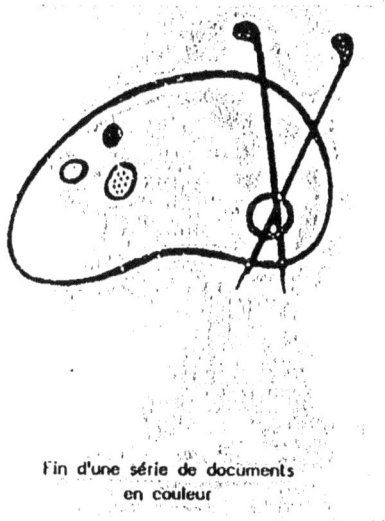

Fin d'une série de documents
en couleur

FOLKLORE
DU LAURAGUAIS

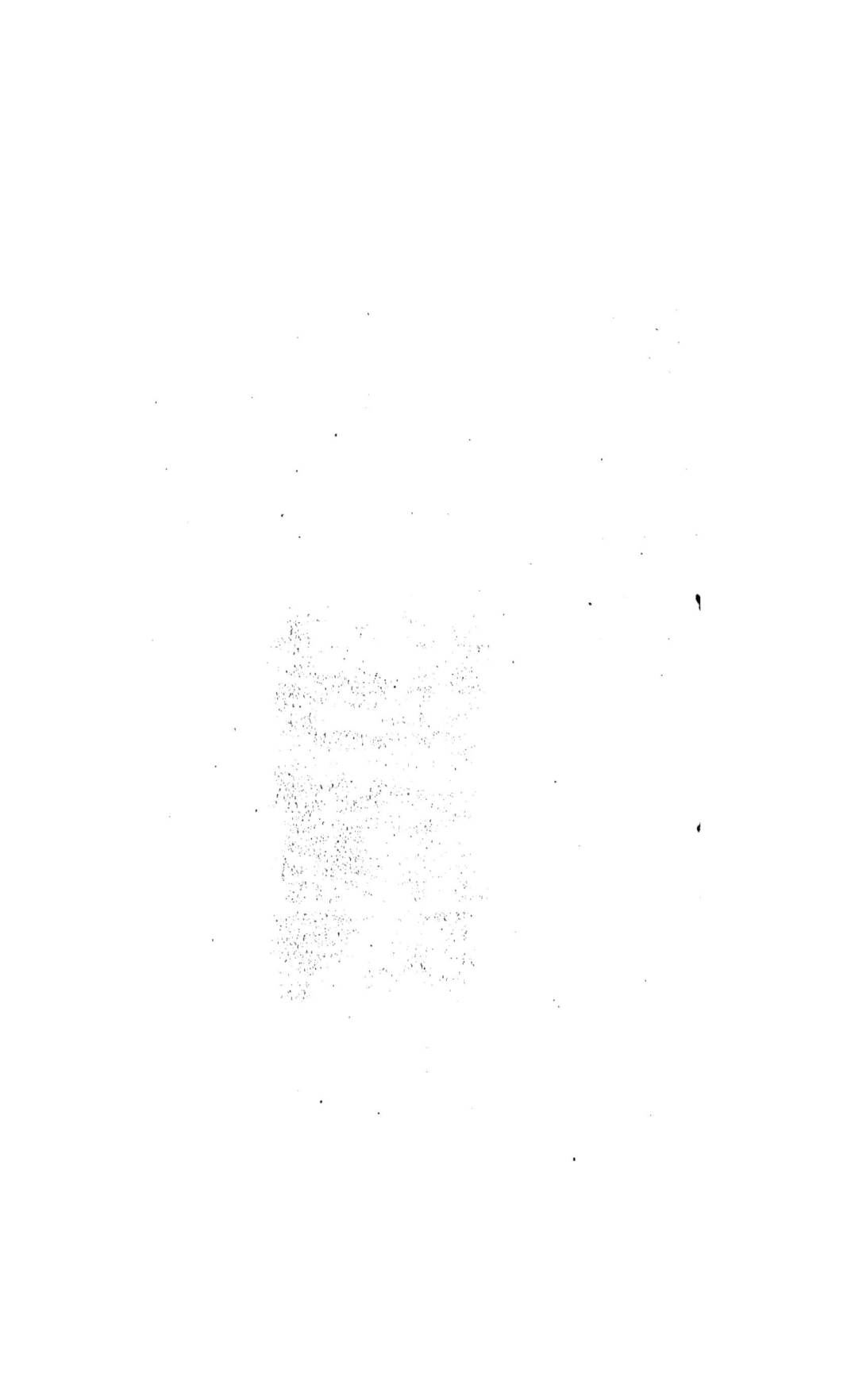

P. FAGOT

(Pierre Laroche)

FOLKLORE DU LAURAGUAIS

DEUXIÈME PARTIE

Chants, Jeux, Rondes et Récits
de l'Enfance.

ALBI

IMPRIMERIE HENRI AMALRIC

1891

(C.)

FOLKLORE
DU LAURAGUAIS

DEUXIÈME PARTIE

Section 1re. — Chants.

§ Ier. — *Chants pour endormir*.

Le nom de Nenie, sous lequel Montel et Lambert ont compris ces chants, est inconnu en Lauraguais. Nous le remplaçons par celui de Nono, son équivalent, seul usité chez nous pour exprimer le sommeil de l'enfance.

Voici le Nono le plus commun :

> Nono, nono, petitou,
> La mama es al cantou,
> Le papa es à Rebel,
> Te pourtara un auzel
> Sur la punto d'un coutel.

Cette version est presque identique à celle de Belvèze (Aude), donnée par Montel et

Lambert (*chants populaires du Languedoc*, p. 42); seulement, le lieu de Rivel est remplacé par celui de Revel, chef-lieu d'un canton de l'arrondissement de Villefranche.

A Castelnaudary, le mot de Nennen du Bas Languedoc est substitué à notre vocable Nono.

Il existe de nombreuses variantes :

1. Nono, nono, petitou,
La mama es al cantou,
Le papa es à Rebel,
Te pourtara de bi noubel
Sur la punto d'un coutel.
                    (Montferrand.)

2. Nono, nono, petitou,
La mama es al cantou
Que te fa de milhassou
Ambe farin' et bouissou,
Le papa es à Rebel,
Te pourtara un auzel
Sur la punto d'un coutel.
                    (Montgaillard.)

3. Nono, nono, petitou,
Ta mama es al cantou,
Que te fa de milhassou ;
La menino es à la bigno,

> Te croumpar' no coco,
> Le pipi es à Rebel,
> Te pourtara un fiulel.
>
> (Villefranche.)

4. Nono, nono, Catharino,
    Le papa es à la bigno,
    La mama es al cantou
    Que te fa de milhassou.

    (Ödars.)

5. Nono, nono, pétitou,
    La mama es al cantou,
    Le papa es al mouli,
    Fa farin' al Jan Mari ;
    Manjara de milhassou,
    Aco le fara droumi
    Nostre paure Jean Mari.

    (Montferrand.)

6. Nono, nono, petitou,
    La mama es al cantou,
    Que fa batre le farou ;
    Le farou a descapat,
    Carbagnèro l'a escanat.

    (Calmont.)

La version de Montpellier, recueillie par Montel et Lambert à la page 47, a pénétré jusqu'à Villefranche :

> Nono, petitou,
> Ta mayre es debas
> Que fa le milhas,

Toun payre es denaut
Que fa de bi caut.

La seule *Som-som*, ou invocation directe
au Sommeil que nous ayons pu recueillir
avec M. Auguste Fourès, est la suivante :

Som, som, beni, beni, beni,
Som, som, som, beni d'endacom ;
La som som s'en es anado
A chabal sus uno crabo,
Tournara douma mayti
A chabal sus un pouli (1).
Et quand la somsom bendra,
Le pichou s'endroumira
La somsom bol pas beni,
Le pichou pot pas droumi.

Comparez : Montel et Lambert, *chants
popul. du Bas-Languedoc*, p. 61—112 ; —
Bladè, *poésies pop. Gascogne*, p. 304 ; — Solleville, *chants pop. du Bas-Quercy*, p. 195,
200.

---

(1) Var.: sus un roussi.

§ 2. — *Chants pour le réveil ou pour l'action*

Nous réunissons dans ce paragraphe les deux sections de Montel et Lambert, parce que, dans notre région, il n'y a point de limites précises entre les chants du réveil et ceux de l'action, qui servent quelquefois indistinctement.

Nous élaguons de la deuxième section :

1° Le *sabo, sabo, pel de crabo*, qui est une formulette de jeu.

2° Les nombres, que nous englobons dans notre paragraphe spécial des chants d'éducation.

3° Les chants énumératifs, qui rentrent naturellement, ainsi qu'il sera facile de le prouver par de nombreux exemples, dans les chansons proprement dites.

Malgré ces émondages, ce paragraphe conserve encore une certaine importance,

Les chants suivants ou *Arrí* se modulent surtout lorsqu'on tient l'enfant sur les genoux.

1. Arri, arri, bourriquet,
    Aniren à Castanet,
    De Castanet à San-Subra
    Per beze les gats laura,
    Las agassos fa fougassos,
    Les agassous fa fougassous
    Pes pichounis mainatjous.

On remarquera que ces paroles sont presque identiques à la version de Toulouse donnée par le docteur Noulet. *(In Montel et Lambert, loc. cit., p. 169)*. Seulement nous avons ramené tous les vers à sept pieds, rythme constant dans ce paragraphe.

2. Arri, arri de la sal,
    Que douma sara Nadal.
    Ne beuren de boun bi blanc (1).
    Dins la tasso qu'es d'argen.
    San Laurens sautec dins l'ort,
    Y troubec un aze mort,

(1) Var. 1. Ne beuren de boun binet
         Dins la tasso de Janet.
    Var. 2. Ne beuren de boun bi blanc
         Dins la tasso de Laurens.

De sa pel fasquec mantel
E des osses caramel.
S'en anguec caramela
Dins las bilos de la Franço,
E quand fousquec pla en la,
Troubec uno bicilho ranço
Qu'elo bous abio un pe
Que courio coumo un lèbriè,
Qu'elo bous abio uno den
Per manja toutos las gens.
Pey troubec une autro bicilho
Un'autro bicilho roumio
Qu'elo soun cacai fasquec
Dins le founs d'une toupino
E le drolle b'abalec
Tout aquelo medecino.

La version que nous donnons est la plus complète. On s'arrête ordinairement au neuvième vers. Quelquefois, après le huitième vers, on ajoute :

A qui passoun bioous et bacos
E galinos e moutous,
Bay-t'en là, pichou merdous.

Les deux ARRI existent dans le canton de Nailloux, mais avec quelques modifications.

1. Arri, arri, bourriquet,
Aniren à Castanet,

Aniren à San-Julia
Per beze les gats laura,
Las agasssos apasta,
Les agassous fa coucous
Pes pichounis mainatjous.

2.   Arri, arri à la sal.
Que douma sara Nadal.
Ne beuren de boun bi blanc
A la tasso qu'es d'argen.
Bicilho, bicilho, douno m'en.
San Lauren sautec dins l'ort,
Y troubec un aze mort,
De sa pel fasquec mantel
E des osses caramel.
S'en anguec caramela
A la porto de San-Julia.
A qui passoun, bioous et bacos,
E galinos e sabatos,
Sabatos e sabatous
Biro d'aqui, biro, fouïrous.

                     (Calmont).

3.   Arri, arri bourriquet,
Bay-t'en beure, bay-t'en beure,
Arri, arri, bourriquet,
Bay-t'en beure qu'as pas set.

Cette version serre de près celle de Carcassonne fournie par M. Achille Mir à Montel et Lambert (p. 200).

Lorsque l'enfant est un peu plus développé, les sauts sur les genoux deviennent
plus brusques, aussi a-t-on inventé des
chants spéciaux :

> A Paris, à Paris
> Sus un chabal gris ;
> A Toulouso
> Sus un chabal rouje
> Al trot, al trot,
> Al galop, al galop.
> (Castelnaudary et Montferrand.)

> A Paris, à Paris
> Sus un chabal gris,
> A Toulouso
> Sus uno bouso.
> A Bilofranco
> Sus une banco ;
> Al trot, al trot,
> Al galop, al galop.
> (Trébons, près Villefranche).

On chante en faisant sauter l'enfant sur
les genoux avec accélération graduelle du
mouvement et de la voix :

> Al pichou pas, pas, pas,
> E pey al pas, pas, pas,
> E pey al trot, trot, trot,
> E pey al galop, al galop, al galop.

Un chant voisin de ceux-ci est le *ferro pé*
que l'on fait entendre soit lorsqu'on veut
chausser l'enfant, soit lorsqu'on fait simula-
cre de le chausser en lui frappant sous le
pied nu avec la paume de la main.

1. Ferro, ferro pé,
   Té dounare un dinlè.
   (Tout le Lauraguais).

2. Ferro, ferro pe,
   Te dounare un dinie,
   Ferro, ferro pla
   Té dounare un toulza.
   (Vallègue, Saint-Vincent).

3. Ferro, ferro pe,
   Te dounare un dinie,
   Ferro, ferro pe poulit,
   Te dounare un ardit.
   (Castelnaudary, FOURÈS).

Les *Tin-Tan*, voisins des *Arri*, sont employés tantôt pour le balancement de
l'enfant, tantôt pour le tenir éveillé, enfin
pour lui apprendre à remuer les mains,
parce que, pendant le chant suivant, on
simule de tirer la corde d'une cloche pour

mettre celle-ci en mouvement et l'y maintenir.

Nous avons pu recueillir quatre versions, toutes différentes de celles publiées dans les *Chants populaires du Languedoc.*

1.   Tin, tan !
Las campanos de Sant-Jan.
— Qui las souno ?
— Le curé de Carcassouno.
— Oui las bat ?
— Le cure de Gaillac.

2.   Tin tan !
Las campanos de Sant-Jan.
— Qui las souno ?
— Carcassouno.
— Qui las dits ?
— Sant-Félix.
— Qui fa la toumbo ?
— La fenno loungo.
— Qui fa le tahut ?
— L'home boussut.

3.   Tin, tan !
Las campanos de Sant-Jan.
— Qui las souno ?
— Carcassouno.
— Qui las entend ?
— Le bent.
— Jan Pierre,

La mort te ben querre,
Les courbasses
Te sounoun classes,
La fenno loungo,
Fara la toumbo,
L'home boussut
Te metra dins le tahut.

4.   Tin, tan !
Las campanos de Sant-Jan.
— Qui las souno ?
— Carcassouno.
— Qui es mort ?
— Jan de l'ort.
— Qui fa la toumbo ?
— La fenno loungo.
— Qui porto las candelos ?
— Las hiroundelos.
— Qui porto les candelous ?
— Les hiroundelous.

Comparez : Bladè, *Poés. pop.*, Gascogne,
t. II, p. 301.

A Castelnaudary, on chante, en dansant
le rigodon :

> Te fare sauta, moun efan,
> E may soun pos toun payre.
> D'ambe un broc de quatre pams,
> Yeu te fare sauta en l'ayre.
>   Ah ! isso !
>
> (A Fourès).

Ces pároles ont une ressemblance frappante avec celles des chants destinés à
apprendre à sauter aux enfants (Vide : *Montel et Lambert*, p. 209 et suiv.)

Nos auteurs ont donné un chant noté par
Mlle Mir avec les paroles suivantes recueillies par M. Achille Mir dans les environs
de Carcassonne, sans indiquer sa destination
spéciale, en le plaçant parmi les *Arri :*

> La mèr'à la fiero,
> A croumpat un porc
> Sabio pas qu'in èro,
> La jutgat à mort.
> — Per qui las coustelos ?

5

— Per las doumaiselos.
— Per qui les tripous ?
— Be, soun pes maçous.

Cette version nous a été dictée par une jeune personne qui l'a entendue à Labastide-d'Anjou et à Montferrand, canton' de Castolnaudary. Dans le même ordre d'idées voici un *arri* véritable :

      — Ount soun les pourcous ?
      — A la bigneto
      Que manjoun d'herbeto,
      Que beboun d'aygueto,
      Ne cal trapa un per l'aureilheto.
           (Ici on pince l'oreille de l'enfant)
      Aquel fara : cuic ! cuic !

Nous croyons devoir placer dans ce paragraphe les deux vers suivants :

      Plau, plau, à la bigno de Barrau,

qui se rapproche du

      Plau, plau, Maniclau,
      Las campanos de Calhau,

donné comme *arri* par Montel et Lambert à la page 242, et qui font aussi partie des chants de l'action proprement dite, comme nous le verrons sous peu.

Nous verrons également que d'autres *arri* :

(p. 241). Les efans de Mounpeliè
             Sus des barcos de papiè.

(p. 269). Ma mayrino a fayt l'efan
             Que s'apelo petit Jan ;
             Petit Jan moun mestre,
             Tiro la carreto.

ont été employés chez nous ou intercalés dans des formulettes de jeux.

On a également employé dans le même sens le chant suivant, qui commence dans le Lauraguais la série des chants d'action proprement dits ou *Tintourletos* (1).

             Jousep Simou,
             La peyro muscado
             Que fielo de lano,
             Que fielo de coutou,
             Moun pero bessou.

Comparez les auteurs déjà cités, p. 297, « la luno », ainsi que cet autre :

             La luno

(1) Le mot « Tintourleto », d'origine provençale, est arrivé jusque chez nous et employé dans une devinette.

Cargado de plumo,
Le cel
Cargat de mel,

que nous verrons reproduire dans la section des jeux ; mais les quatre derniers vers font partie de la *Tintourlete* suivante, destinée à amener l'enfant à tourner ses yeux vers le ciel :

La luno
Cargado de plumo,
Le cel, cargat de mel.
— Qui es toun payri ?
— Le Roumani.
— Qui es ta mayrino ?
— La bierjo Mario.
— Qui es ton filhol ?
— Le parpailhol.

Les deux chants suivants (Vide : *Montel et Lambert*, p. 309) ont pour but d'apprendre à l'enfant à marcher seul d'un pas cadencé :

1. Ran, tan, plan, tiro-liro,
En Jousseran se marido ;
Ran, tan, plan, tiro-liro, plan,
Se marido pas d'oungan.
(Castelnaudary, Fourès).

2. Rata plan, tiro-liro,
   La filho de Ramplou se marido
   Ambe l'home à las caussos rouselos
   Qu'es tout ple de bartabelos.
   (Labastide-d'Anjou.)

---

§ 3. — *Chants et rimes pour l'instruction et pour l'éducation*

Destinées à amuser l'enfant en l'instruisant, quelques-unes des poésies ou pièces rimées de ce paragraphe, ont une analogie frappante avec les chants du paragraphe précédent, aussi les y réunit-on toujours; mais, comme toutes ces petites compositions ont pour but principal l'éducation, ce qui leur donne un air de famille, nous avons cru devoir leur assigner une place distincte.

1° INSTRUCTION

Lorsque l'intelligence de l'enfant commence à s'ouvrir, on veut lui inculquer la

connaissance des objets, lui donner des le-
çons de choses. A cet effet, on a composé diverses formulettes pour lui apprendre à dis-
tinguer les doigts de sa main :

    1. Pradelo.
    2. Lauzelo.
    3. Labic.
    4. Le trapec,
    5. Le manjec,
       Fasquec couic, couic.
    1. Pourcelo,
    2. Pradelo,
    3. Bejic,
    4. Aujic,
    5. Aquel fa cuic, cuic.

Dans ces deux formules, on commence par
le pouce pour arriver jusqu'au petit doigt.
En voici une autre en sens inverse :

    1. Dit petit,
    2. Dit del marit,
    3. Dit de la filheto,
    4. Dit del choul
    5. Dit del pezoul.

Ici la leçon se double d'un jeu :

On passe l'index sur la naissance du bras
de l'enfant en disant :

    A qui ount es passat le pichou porc.

Puis on énumère avec chaque doigt :

1. Aquel le bejec,
2. Aquel le seguisquec,
3. Aquel l'atrapec,
4. Aquel le manjec,
5. Aquel paure pichou
   Que n'abio manjat d'el pourcou
   Qu'un pauc de boudi.

(On châtouille la paume de la main de l'enfant avec l'index.)

Quiquiriqui.

De la connaissance des doigts, on est appelé à l'idée de numération. Seulement, comme cette idée est abstraite, l'imagination populaire l'a enguirlandée de formules pour l'inculquer plus profondément dans la mémoire de l'enfant.

D'abord les nombres simples :

Un. — Chel Cun.
Dous. — Chel Raous.
Tres. — A Sant Bres (1).
Quatre. — Me boli batre.
Cinq. — Chel Lapin.
Sieis. — La toustouno de Seïs

(1) Saint-Brice, section de la commune d'Avignonet.

Sept. — Chel Catet.
Beït. — Al lieit.
Nau. — Al trauc.
Dets. — Al trabets.
Ounze. — A la founzo, etc.

Autre :

Uno. — Le soulel esclairo may que la luno.
Dos. — Quand la car es coïto, tiro l'os.
Tres. — La luno tourno cado mes.
Quatre. — E quatre filhos à marida, y cal pensa.
Cinq. — Aquel qu'a cinq porcs à la sal
      Es pos en peno per passa carnabal.

Les nombres simples connus, on arrive à l'association des chiffres :

Un, dous, tres et quatre,
Cinq et sieis et beit et nau,
Binto quatre et binto nau.
Un, dous, tres et quatre,
Binto dous et binto cinq,
Sept et beit et nau et bingt, etc.

Puis on passe à l'addition :

Jousep,
Cinq yoous al bec,
Cinq à la padeno,
Encaro le Jousep rêno.

Et de là à une addition plus compliquée :

— Margarideto del pel rous,

Quand de filbetos abets bous ?
— Cinq en terro,
Cinq à la guerro,
Cinq que m'esterroun,
Cinq que me rodoun.

Comparez Bladé, *Proverb. et Devin.; Arma-*
gnac et Agenais, p. 157.

Enfin, au problème du carré des nombres :

A Paris y a nau moulis,
A cado mouli y a nau molos,
A cado molo y a un mouliniè,
Cado mouliniè a nau fennos,
Cado fenno a nau maynatges,
Cado maynatge a nau flahutos,
A cado flahuto y a nau traucs,
E coumptats aco bous aus.

Il y a aussi un couplet pour les voyelles
de l'ancien alphabet dit « alphabet de la
Croix » :

La croux es
La filho al bres.
A. se cal leba.
E. met toun souliè.
I. tiro de bi.
O. se me plas'o.
U. Bay-s-y tu.

Et un autre pour les premières lettres de l'alphabet :

A. B. C. D., cap de porc, sabes pas re.

Enfin, la musique paraît ne pas avoir été oubliée :

> Do, re, mi, fa sol,
> Le pero Calhol,
> Trempao la soupo.
> Ut, la, la, si, ut,
> Le gous es bengut,
> L'a manjado touto.
>
> (Castelnaudary, Fourès.)

2° ÉDUCATION

Le chant de Montpellier que l'on applique à une petite fille pour l'inciter à se bien habiller est répandu dans notre région, aussi bien qu'en Gascogne et dans le Bas-Quercy :

> Madoumaiselo,
> Fasets bous belo ;
> Bostre galan
> Bendra oungan.

> Se bous embrasso,
> Fasets li gràcio ;
> Et se bous mord,
> Cridats pos fort.

Nous rattachons à ce chant le suivant usité à Castelnaudary :

> Le soulei se lebo
> Darre un pabat.
> Le pus poulit goujat
> Es le Berdoulat.

(Fourès)

qui peut s'appliquer à un petit garçon dont on admire la grâce et la propreté.

Dans le même ordre d'idées, se place la petite romance suivante, promettant un mari à l'enfant qui s'applique à filer (Montel et Lambert, p. 342, 343.) :

> La Jano fielabo,
> Soun fus li toumbec ;
> Soun galan passabo
> Le li ramassec,
> Li diguec : — Pauroto,
> Fielo douçomen,
> Quand saras grandoto,
> Nous maridaren.
> Faren la fricasso

.D'amb'un gous pouirit,
.D'amb'un gous de casso,
Faren le roustit.
Faren le dessert
D'amb'un tros de serp.

Les deux premiers couplets sont répandus
dans le Lauraguais et les régions voisines.
Le dernier a été recueilli à Castelnaudary
par M. Auguste Fourès.

Si les enfants bien élevés ont eu leurs
éloges, voici le tour des enfants malpropres.

Et d'abord les demoiselles :

Madoumaiselo
Peto candelo (1).
Quand fa le milhas
Tir'un escrachas,
Se ba al four
Peto pel choul,
Et à la foun
Peto toutjoun.

Cette petite composition est voisine de
celle du Minervois. (*Chant du Languedoc,*

(1) Allusion à la chandelle de résine qui s'appelait
« Petairo ou Petarel ».

p. 236), et de celle de l'Agenais Bladè. (*Poés. pop.*, Gascogne, t. II, p. 354.)

Si la petite fille propre et sage doit trouver un mari, celle qui est négligée dans sa toilette sera délaissée :

> Le soulel se lebo
> D'arr'un figuiè,
> La poulido ledo
> Quès chel mouliniè,
> Touto descoufado
> Rousso coumo l'or
> N'a pos de mentallo
> Digus nou la bol.
>   (Vallègue, près Villefranche).

Les garçons ne sont point oubliés.

> Pisso-lieït, cago-lieït,
> Fa la ruscado cado neït
> L'engragner, es al pe del lieït,
> Per fouéta le pisso-lieït.

Qu'il est encore sale celui-ci :

> Ramounet, Ramounet,
> Lebo la cambo, fa-n pet.

Enfants, ne l'imitez pas.

N'imitez pas non plus cet autre qui pleu-

re et que l'on voudrait consoler en lui chantant :

> Plau, plau, à la bigno de Barrau (1).
> Plau pos à la nostro
> Qui d'argen nous costo.

Ce dernier quatrain est le seul représentant connu chez nóus jusqu'ici du « Plau
Sourelha » du Bas Languedoc, dont Montel et Lambert ont donné plusieurs versions
de la page 354 à la page 361.

-----

§ 4. — *Plaisanteries enfantines*

On sait que les enfants passent facilement
des pleurs au sourire ; la muse populaire a
consigné cette observation dans le quatrain

(1) Var : A la bigno de Mountlau (Baziège).

suivant, qui ne manque point de franchise brutale :

> Rits et plouro
> Cago dins l'oulo,
> Rits et danso
> Cago dins l'anso.

Voici pour faire inquiéter un garçonnet :

> Estieine
> Pouteine
> Cargat de bouteillos
> Dinquos à las aureillos
> Passec sus un pount ;
> Rencountir un estroun,
> L'estroun le menaço,
> L'Estieine picasso.

Lorsqu'un enfant a été grondé pour ne pas avoir été sage, il répond :

> Yeu bous demandi perdou
> Sus la croto del moutou,
> Demandats que le Bertran
> Bous au rendo en argen.

Ou bien encore :

> Yeu faro pos may tapatge
> Bous en douni le gatge,

Fare pas may le testut, le brutal,
Yeu sarè l'aze de l'oustal.

Le pouilleux n'est pas oublié :

Al petit Jan de Picarro
Tres pezouls li fan la guerro
Le prumie court, le secound troto
E l'autre dits : courto boto.

Cette plaisanterie est étendue :

D'abord au fabricien.

Douminico
De la fabrico,
Tres pezouls coum'une barico.

Ensuite à l'instituteur :

Aditiats, moussu Lamoto,
Abets tres pezouls sus bostro caloto.
Un que court, l'autre que troto,
E le tresiemo dits : bounjoun, moussu Lamoto.

Au moment où vous allez vous coucher,
un petit malin vous lance ces mots :

Bouno neit.
Que le piuze dins le lieit
T'empache de droumi la neit.

Ces quelques citations donneront une idée
des plaisanteries enfantines populaires du
Lauraguais.

SECTION 2e — **Formulettes de Jeux.**

Nous n'entreprendrons point, pour le moment, un traité sur la matière des jeux en Lauraguais, qui exigerait un volume. Nous nous contenterons de donner ceux qui entraînent ou exigent des formulettes rimées.

Les jeux se divisent naturellement en cinq classes : jeux de bruit ou d'instrument, — jeux de cache, — jeux de force ou d'adresse, — jeux avec les animaux, — formulettes juridiques. Nous présentons seulement quelques notions générales sur chacune de ces classes.

§ 1er. — *Jeu de bruit ou d'instrument*

Ce sont les premiers qui sont offerts à l'enfant dès son entrée dans la vie. Le bruit réveillera ses facultés auditives en formation et lui procurera une sensation agréable entre deux sommes. On suspend à son cou ou l'on confie à ses mains débiles le jouet en argent

6

du riche, le jouet en os de la bourgeoisie et .
la grillo o'i pagnerou du paysan. Puis, lorsqu'il avance en âge, les instruments se multiplient. Nous citerons : le roussignol, la
toutaroto, le tarrasclet, las tricatelos, etc., et
le sounarel.

Ce dernier est le seul qui amène l'emploi
de formulettes.

Lorsqu'on veut enlever de la baguette de
saule l'écorce qui doit servir à sa composition, on frappe avec le manche d'un couteau
sur l'écorce, en disant :

    1.   Sabo, sabo,
             Pel de crabo.
       Sabo, sabo, sabarel,
         Pel de crabo, pel d'agnel,
         E se tu n'as pos sabat
         Quand tournarè del mercat,
         Te coupare cornos et cap.
         — Sabare, sabarol,
         Se le boun Dius ba bol.

    2. Sabo, sabo, sabarel,
         Per la mort de Coustarel.
         Coustarel es à la guerro
         Per la mort de l'escudelo,
         L'escudelo d'argen blanc,
         Per la soupo de pa blanc.

3. Sabo, sabo, pel de crabo,
   Sabo, sabo, pel de bioou,
   Binto quatre sus un yoou.

4. Sabo, sabo, pel de crabo,
   Sabo, sabo, pel de bioou,
   Binto quat'et dous et noou.

5. Sabo, sabo, sabarol,
   Pel de crabo, pel d'agnel,
   Mes se tu leu sabos pas,
   Te coupare cornos et cap.

6. Sabo, sabo, pel de crabo,
   Sabo, sabo, sabarol,
   Pe d'auriol.

Comparez : Montel et Lambert, *Chants
populaires du Languedoc*, p. 217 ; — Bladé,
Proverbes et devinettes populaires dans l'Armagnac et l'Agenais, p. 162, n° 680.

§ 2° — *Jeux de Cache*

Dans tous ces jeux, à l'exception du Colin-
Maillard (*Couterbo*), on fait usage de formulettes.

1. — CLUQUET

Le plus connu est le cligne musette, *cli-
gnet, cluquet.* Pour savoir qui doit cligner,
c'est-à-dire pour connaître celui qui se ca-
chera pour se mettre à la poursuite des autres,
per pouma, les joueurs se mettent en rond
et celui du milieu avec le poing fermé tape
sur la poitrine des joueurs et sur sa propre
poitrine en récitant l'une des nombreuses
formulettes suivantes :

1. Uno sard' un tros de pa,
   Chuco la mico, bay t'amaga.

2. Ouro, — cambo de poulo,
   Aro, — cambo de palo,
   I, — cambo de li.

3. Al cluquet, — tiro l'ariret,
   La coc' es caudo, — et le milhas es fret.

4. Un minou, — dous minous,
    Tres minous, — quatre minous.
    Beyre, — teyre, —
    Gato, — garo qu'esclato.

5. Un' et dero, — tre, quatrere,
    Sato et mato, — biro, birou
    Quand te dibi. — Dous et jou.

Cette petite formule paraît empruntée à l'espagnol.

6. La luno — cargado de plumo.
    Le cel — cargat de mel.
    La ménino — trauco-toupino.
    Le pipi — trauco-toupi.

7. Un poun-bourdoun,
    Jousep-Simoun.
    La peyro muscado
    Que fielo de lano,
    Que fielo de coutou,
    Mon pero bessou.

8. Uno poumeto — Nicouleto,
    Nicoulau — sauto l'higuenau.
    Coutel, — bayouneto,
    Gnirgo — gnargo — Carbounet,
    Paro la gauto, un boun souflet.

Ne reconnaissez-vous point là un écho des querelles religieuses entre Huguenots et Papistes ?

9. Uno pero — l'endebero,
   Les pignouns — douno doun,
   Sur la roco, sur la foun,
   Sur l'aygo — foro la petsïro.
   La petsïr' a'n efan
   Que s'apelo Petit Jean,
   Petit Jean, moun mestre,
   Tiro la carreto.
   Les efans de Mounpelie
   Sur de barcos de papie,
   Pounpoun d'or, la beluguo,
   La beluguo, pounpoun d'or,
   La beluguo del tresor.

10.   Ma mairastro,
       Pico-pastro,
       M'a bulhit,
       Rebulhit.
       Moun coumpaire,
       Le lauraire,
       M'a manjat,
       Rouzegat.
       Ma soureto,
       La Lileto,
       M'a plourat,
       Souspirat,
       Joust un arbre
       M'a enterrat,
       Ri chiu chiu,
       Encaro soun biu.

Formulette usitée principalement dans le Castrais et l'arrondissement de Castelnau-

dary, donnée par Anacharsis Combes dans
ses *Chants populaires du pays Castrais.*

11. Un, dous, tres et quatre,
    Le Jacou me boulio batre,
    M'a batuf, m'a roumput,
    Dins le canal m'a f...tut,
    L'engragnoto m'a pescado
    Et la serp m'a debourado,
    Riu chiu chiu,
    Encaro soun biu.

12. Un, dous, tres et quatre,
    Le Jacou boulio me batre,
    M'a batut, m'a roumput,
    M'a jetat dins l'aqueduc,
    L'engragnoto m'a picado
    Et la serp m'a debourado,
    Ri chiu chiu,
    Encaro soun biu.

Dans ces trois dernières formules, qui
constituent de véritables chants, il est cu-
rieux de retrouver sous une forme populaire et saisissante le dogme de l'immortalité
de l'âme. Si le corps est enterré ou dévoré,
l'âme est encore là avec son cri de résur-
rection.

Plusieurs de ces petites compositions rimées sont empruntées aux « chants de l'en-

fancé », ainsi qu'il est facile de s'en convain-
cre en se reportant à ce paragraphe.

2. LAS CLAUS DE SANT JORDI

Les joueurs s'accroupissent en rond, à
l'exception d'un seul. Celui-ci, muni d'un
mouchoir noué à l'une de ses extrémités,
fait en courant et extérieurement le tour du
cercle, cachant le mouchoir sous le postérieur d'un joueur qu'il croit le plus niais, et
les autres lui disent :

— Que cercos ʔïcïʔ

Il répond :

— Las claus de San Jórdi.
Tant que biure
Las cercare
Et quand ma mayre sara morto
Las troubare darre la porto.

En même temps, il continue à courir
autour du cercle ; s'il saisit le mouchoir
avant qu'il ait été découvert, il le reprend
et frappe le patient avec le nœud. Si, au
contraire, le joueur trouve le mouchoir

avant que le tour soit accompli, c'est l'autre
qui est poursuivi.

Ce jeu était connu du temps de Doujat,
puisqu'on trouve son nom dans le diction-
naire placé à la fin des œuvres de Goudelin (édition de 1694), avec cette explication : « *Las claus de San Jordi*. Le mouchoir
derrière le cul, jeu d'enfants. Il était pratiqué il y a encore peu de temps aux environs
de Villefranche. »

3. LA PEYRO AMAGADO

Voici encore un autre jeu que l'on prati-
quait à Toulouse avant 1694, puisqu'on lit
dans le même dictionnaire de Doujat : « *Fa
à la peyro amagado*. Jouer au cachemiton. »
Ce jeu consiste en effet à cacher une petite
pierre dans la main, sous le tablier, etc.,
en disant à celui qui la cherche, pour l'inciter à la découverte :

> Que cercos aici ?
> — La peyro de moun roussi.
> — Cerco lo pla,
> Debino qui l'a,
> — Baillo me la.

On ouvre les mains ou on découvre le
tablier en constatant que la pierre ne s'y
trouve pas et on ajoute pour le chercheur
malheureux :

>Manjo cibado !

Variante :

>Que cercos aïci ?
>— La peyro de moun roussi.
>Cerco lo pla,
>Debino qui l'a
>— Baïllo me la,
>Aquel que l'aura
>Un boun poutet s'empourtara.

Autre :

>Que cercos aïci ?
>— La brido de moun roussi.
>— Cerco lo pla,
>Debino qui l'a.

Encore :

>Pe de baco, pe de bioou,
>Binto quatre, ountes l'yoou,
>Un, dous, tres
>An aquelo es.

4. BOUZOUN

On prend un menu objet que l'on cache
en mettant ses deux mains derrière le dos.

L'objet renfermé en repliant les doigts sur
le creux de la main, on ramène les deux
bras par devant et on imprime aux avant-
bras ainsi qu'à la main fermée un mouvement de rotation afin que celui qui doit
deviner ne sache point dans quelle main se
trouve l'objet, et durant ce mouvement on
récite :

> Bouzoun-bouzoun,
> Dios quino ma soun?
> Pe de baco, pe de bioou
> Endebin' ount es l'yoou.

Et le chercheur en tapant sur l'une des
mains, de répliquer :

> Cresto — maresto,
> Le mestre, le cor me dit en aquesto.

Sur cette formule, la main s'ouvre ; si
l'objet caché ne s'y trouve pas, on recommence ; si, au contraire, il s'y trouve, on
devient chercheur à son tour.

5. Le coutelou mourrou

Ce jeu se pratique comme celui de la
peyro amagado. Seulement, la pierre est

rémplacée par un couteau. Aussi la formulette subit-elle quelques modifications :

> — As le coutelou, mourrou ?
> — Nou, mourrou.
> — As le coutelou, paurou ?
> — Oui, paurou.
> — Fay m'un poutou.

Variante :

> — As le coutelou, mourrou ?
> — Nou, mourrou.
> — Lebo te, cerco lou.
> — As le coutelou, paurou ?
> — Oh ! paurou.
> Lebo-te, fay m'un poutou.

---

§ 3ᵉ — *Jeux de force ou d'adresse*

Ces jeux peuvent être subdivisés en jeux
de jouets et jeux du corps.

Parmi les premiers, nous citerons les plus
communs : *La gaudufo, las bolos, le quilh,
las quillos, les totouls,* etc. On comprend
que ces amusements, exigeant un déploiement d'adresse et d'attention, doivent être
exempts de formulettes.

Les jeux du corps sont les plus nombreux ; nous en connaissons une soixantai-
ne ; seulement, un nombre assez restreint
entraîne l'emploi de formules rimées. Ceux
que nous avons pu recueillir à ce jour sont
les suivants :

1. PER DENISA

Quand les enfants grimpent sur les ar-
bres ou sur les toits pour dénicher les
oiseaux, leurs camarades restés par terre
crient, si les petits sont trop jeunes pour
être emportés :

> Jouts teulado, jouts bouissou,
> Que la serp y pass'et daysse le fissou.

Si les oisillons ont quitté le nid (foroni-
sat), les camarades ajoutent :

> An achourrit.

2. LE RECARBOT

On suspend un fil ou de la ficelle au pla-
fond et au bas de ce fil, à hauteur d'enfant,
on attache une épingle au moyen d'un

nœud. Dans cette épingle, on introduit l'extrémité d'un charbon blanc à moitié carbo-
nisé et incondescent.

A ce moment, deux enfants se placent vis-
à-vis à une égale distance du charbon blanc
en récitant la formulette suivante :

> Fumo, fumo, fumarel,
> Et bay-t'en cap al pus bel.
> Mes bengues pas cap à you
> Que soun pos qu'un regachou.

Puis, chacun des joueurs souffle sur le
charbon blanc en essayant de le projeter
sur le visage de son adversaire. Ce dernier
souffle à son tour, mais, tout en soufflant,
chacun est obligé de dire :

> Recarbot ou regachou.

Ce qui donne lieu à ce dialogue :

> Recarbot, regachou,
> Regachou, recarbot.

Le charbon blanc agité et dont la combustion est en outre augmentée par le souffle des joueurs arrive à une combustion
complète. Si l'un des joueurs, par sa mala-

dresso, a laissó toucher ses lèvres par le
charbon blanc enflammó, l'autre dit :

> Le coucaril t'a fayt un poutou.

3. Maneto morto

Le pied de bœuf, *pateto maneto* ou *maneto
morto* donne lieu à la formulette suivante,
également usitée en Gascogne :

> Maneto, maneto morto.
> Sant Jan s'en ba sur la porto
> Trobo'n paure sur la porto
> Qu'el un boun soufflet s'emporto.

4. Reilho caudo

Ce jeu est destiné à faire tenir les enfants
tranquilles. Le premier ferme la main à
l'exception du pouce, qu'il tient verticale-
ment. Le second entoure le pouce en fer-
mant les quatre doigts et tient son propre
pouce vertical et ainsi de suite, de manière
à former une pyramide. Lorsque tous sont
rangés, le père de famille leur dit de ne
point bouger en ajoutant :

> Reilho, reilho caudo,
> Tout le mounde s'escaudo,

Le premiè que parlera
Ou que rira.
Un boun soufflet s'empourtara.

5. PIPI BIEL

Un enfant, le dos courbé et faisant semblant de s'appuyer sur une canne, simule *le
pipi biel.* Les autres lui font des niches pour
le faire enrager, en lui chantant :

Pipi biel,
Las caussos de pel,
Les boutous de brounze,
Tout le choul s'enfounze.

Le pipi biel se met à leur poursuite en
les menaçant de son bâton. Celui qui est
attrapé par *le pipi biel* le remplace.

Ce jeu doit être ancien, les culottes de
peau et les boutons de brounze ayant disparu
depuis la Révolution.

6. — LAS ESPILLOS

On enferme une épingle dans la main,
et l'on dit :

Cabos — le dit gros,
Caboussou — le dit pichou.

Cabos est la tête de l'épingle et *caboussou* la pointe. Si la tête est tournée vers le pouce, le joueur qui doit deviner gagne lorsqu'il dit *cabos*, et perd s'il prononce *caboussou*.

On emploie également pour ce jeu la formulette suivante :

> Espilleto — Margarideto
> — Moun cor me dits : dius aquesto.

7. — La Marchando d'aucos

Une rangée d'enfants est accroupie avec les deux mains croisées sous le postérieur et les bras rangés le long du torse, simulant les ailerons des oies. Un ou deux debout se placent vis-à-vis. Enfin, un troisième est la marchande d'oies.

Le colloque suivant s'établit entre la marchande et les acheteurs debout :

> Abets de belos aucos,
> Madamo, Madamo la torto bouetuso.
> — Né de tan belos que las bostros.
> — Dounats me las pus poulidetos.
> — Mes ambe que las nouririots ?
> — Ambe de lait et de farino.

— Nani, mouri las daissariots.
— M'en dounarets la mitat d'uno.
— Nani, podi pas, Madamo.
— M'en bauc querre le gendarmo.
— Eh be, prenets bous la pus belo.

Alors les deux acheteurs prennent l'une des oies sous les aisselles et la rangent de l'autre côté. On recommence jusqu'à ce que les oies aient été toutes vendues.

Autre formulette :

Ount anats, tourteto ?
— Bauc à la fiereto,
Croumpa d'aucetos,
— Benets, n'aben de poulidetos.

8. — LA MARCHANDO DE CASTAGNOUS

A cinq soous les castagnous,
Benets les querre, benets les querre ;
A cinq soous les castagnous,
Benets les querre que soun bous.

9. — LES GARDAÏRES

Jan,
Las crabos s'en ban.
Pierre,
Bay los querre.
Meli,
Meno los aïci.

10. — Per embarra las aucos

Auclero-lebriero,
Las aucos al blat,
Le segoun, le lioun,
Le metoun al sac.
Pato relotge, baisso soulel,
Que fasque neit, noun aniren.

11. — Pato boundoun

On fabrique de petites boules creuses d'argile que l'on projète avec force contre un mur, un perron, etc., afin de produire un bruit lorsqu'elles éclatent. Cet amusement est connu à Castelnaudary sous le nom de *Pateto rengueto*, et les enfants disent en le pratiquant :

Pateto — Rengueto,
Qu'en Jan pichou
Fasqu'un bel traucou.

(Fourès).

12. — Pachichi

Ce jeu, connu chez nous sous lo vocable altéré de *Pouchichi*, est tellement connu qu'une explication nous paraît inutile.

Ce que l'on connaît sans doute moins, c'est la formulette des joueurs :

> Pouchichi,
> Tourno's-y.
> Le passatge,
> Le froumatge.
> Quand las callos les yoous an fait,
> Les yoous soun faits de petit lait.
> San Fereol es tout pounjuc,
> D'arr'no bieillo baco put.

13. — Boutelhou

Le *boutelhou* ressemble beaucoup au *pa-chichi* et ne s'en distingue que par quelques règles particulières. Voici sa formule :

> Bouteillou
> Cop d'esperou,
> Paleto
> Seleto,
> Meti la casqueto,
> Jeti la casqueto,
> Ramassi la casqueto, etc.

14. — Le Palfic

Chacun des deux ou trois joueurs est muni d'un bâtonnet pointu *(palfic* ou *plumo)*

destiné à être fiché en terre. Lorsque le premier joueur a fiché le bâtonnet en disant :

Roumo — planti ma ploumo,

le second cherche à renverser le palfic en
fichant le sien à son tour ; s'il y réussit, il
s'écrie, le trou s'étant agrandi par la chute
du premier bâtonnet :

Quand de Roumo tournaras
Ta plumo toumbaras.

Alors, le premier joueur s'en va à Rome
(l'endroit convenu) pour chercher un peu
de terre qu'il est obligé de porter sur son
dos pour combler le trou. Si la terre tombe
en route, il la ramasse avec ses lèvres jusqu'à ce que le trou soit comblé. S'il se re-
bute, les autres joueurs l'excitent en lui
criant :

Se uno agasso y beblo — surlos la tegno.

15. — Pigeon vole

Chinchibado — barbo de crabo.
Fur lup — baill'un gatge.

§ 4. — *Formulettes pour Animaux*

MAMMIFÈRES

Pour faire fuir un chat :

> Fut ! fut ! que la gato put.

REPTILES

Au lézard vert :

> Lauserp, — lauserp,
> Preserbo-me de la serp.
> Quand tournare de l'oustal,
> Te dounare un gra de sal.

OISÈAUX

1. — Au poulet :

> Cacaraca ! — Qu'as, poulet ?
> — Mori de fret.
> — Cacaraca !
> — Bayte calfa.
> — Chez qui ?
> — Chez toun payri.
> — Gausi pas.
> — Qu'às panat ?
> — Un sac de blat.
> — Ount l'as mes ?
> — Dins le trauquet
> — Chuco la merdo de poulet,
> Chuco la qui n'a pas set.

2. — La caille :

    Callo, calleto,
    Siec la regueto ;
    Quand saras al cap,
    Sauto le balat,
    Froup... le cotio,
    Biro le pocho.

3. — Cri de la caille :

    Prat pabat,
    Soun pel prat
    Beni me querre.

4. — Cri du loriot :

    Biro l'yoou.
    Biro l'yoou.
    — Se l'ablo
    Le birario.

5. — Cri de la linotte :

    Petito... ti... diu, diu,
    Couro sara l'estiu?
    Le joun de l'Ascensiu.

INSECTES

1. — Le grillon :

Pour le faire sortir de son trou *(per des-tula)* :

    Gril de la grilhero,
    E tres porce à la fabiero,
    Beni les bira,
    Auras un bouci de pa.

Autro :

> Gril de la grilhero,
> Quatre porcs à la fabiero,
> Quatre que s'en ban,
> Les acabaran.

Autro :

> Gril de la grilhero,
> Sort de la tutiero,
> Per bira les porcs de la fabiero.

2. — La mante religieuse :

> Prego Dius, Bernado,
> Que saras salbado.

A Castelnaudary :

> Prego Dius, Bernado,
> Que ta mayre s'es negado.

3. — La coccinelle ou belle Paule :

> Bolo, bolo, Paulo,
> Te croumpare uno raubo.

4. — Le bousier :

En lui crachant sur le dos pour lui faire
rendre une goutte de sang :

> Escarbat de San-Jan,
> De nostre Segne rand le sang
> Ou te tui, biel mayssant.

Ce qui se réduit souvent à :

> Rand le sang ou te tui.

Le bousier est plus connu sous le nom de
babarot, et la légende ou mieux la supersti-

tion a fait croire qu'il avait reçu sur son
dos une goutte de sang tombée pendant que
Jésus-Christ était sur la croix, comme l'a si
bien expliqué Auguste Fourès.

MOLLUSQUES

Le limaçon :

Pour lui faire sortir les cornes :

Ces formulettes étaient connues au 17ᵐᵉ
siècle, puisqu'il est dit dans Goudelin (édit.
Noulet, p. 43, et note 10).

1. Coumo ba per soun carrayrol
   Un escaragol bibarol,
   Quand tray las cornos per soun payre
   Et per le be de terro mayre.

Les suivantes n'en sont que des modifications locales :

2. Corno, corno, sort,
   Beyras toun payre
   Et may ta mayre
   Et may toun frero
   Et may ta sor.

(VILLEFRANCHE.)

3. Corno, corn' escagarol
   Per l'amour de Coustirol.

(BAZIÈGE.)

4. Plau, plau, cabirol,
   Las fabos soun al malhol,
   Les peses soun à l'auta,
   Que se creboun de ploura.

5. Lauro, laur'escagarol,
   Que ta mayr'es morto
   Sus un pe de porto,
   Que toun payr'es biu
   Sus un pe d'ouliu.

Ces deux dernières versions ont été colli-
gées à Castelnaudary par Auguste Fourès.

---

§ 5. — *Formulettes Juridiques*

Lorsqu'on a perdu un objet, celui qui le
trouve le cache en disant :

Qui a perdut que cerque
Qui cerco troubara
Se cerco pas m'apartendra.

Ou :

Piu, piu, piu
Ço qu'atrobi es miu.

Pour se brouiller :

Crouts de paillo, crouts de fe,
Jamay te dire pos re.

Ou bien :

Capelet de paillo, capelet de fe,
Se bali pas gaire, tu bales pas re.

Section 3e. — **Petits contes.**

Après les jeux, qui ont fatigué le corps et développé les forces physiques, l'enfant a besoin de repos. Mais son caractère pétulant l'empêche de rester en place. Aussi, pour le fixer tout en l'amusant, a-t-on composé de petits contes, qui ont leur place tout indiquée après les jeux.

Ces *countillous* sont rimés ou mélangés de prose à l'allure rythmique, pour qu'ils se gravent mieux dans la mémoire.

§ 1er. — *Petits contes rimés*

1.

Un cop un home
Trabaillao un ort,
La foutrol'atrapo,
Garo l'aqui mort.
Sauto uno grazalo
Toumbo sur la cabalo ;
Sauto un rec,
Fousquec bufec ;
Sauto un riu,

Fousquec biu ;
Sauto un balat,
Fousquec fat.

2.

Counte, counte, countillou,
Treize pets dins un coujou,
Le coujou se crebu
Toutis les pets per terro.

3.

Counte, counte, countillou,
Pe de baco, pe d'agragnou,
Rencountreb' un cousinié
Que taillao, retaillao,
Per fa la soupo de rabo
Et sabio pas soun mestié.
Mès yeu li a four' un pet
Que l'aloungo coum' un gousset.

4.

Chez le mestre courdounié
Y a quicon que put en plé,
N'a pos may de pego,
Et ta leu se lebo
Per caga dins le baquet
En modo d'estoufet.
Y salso touto la semelo
Et chuco le dit dinquos à l'aisselo.

5. LE TESTOMEN DE JAN NIBERT

Dempey cent ans qu'es dins le mounde,

Que Nostre-Segne le counfounde
Se Jan a jamay pagat
Queque sio qu'ag' emprountat.
   A soun fil, Blaze
Dounec un bats amb' un aze,
Mes quand boulguec les ensaja,
Calguec que les fasque adouba.
   A sa fillo, Igounelo
Dounec uno bouneto belo,
Mes quand se la boulguec carga,
Li calguec la fa petassa.
   A soun petit-fil, Blazignol
Dounec un niu de roussignols
Que cantariou souer et mayti
En soubeni de lour payri.

§ 2. — *Petits contes rythmés*

1. L'ESCALO DE BEYRE

Un cop un home croumpo uno escalo de beyre
et la porto al siu oustal. La fenno y mounto la
coupo pas ; toutis les drolles y mountoun, la
coupoun pas. Atal fan le mèro, les counseillès,
le curè. Le gat y mounto, la coupo. Quin es le
pus fort ?
   — Le gat.
— Manjo de merd' un plen plat.

2. LA BIGNETO

Un cop un home defumao uno sout. — Dins
aquelo sout troubec un digné. — Amb' aquel
digné croumpec uno bigneto. — Anaquelo bigneto y benguec uno souqueto. — Anaquelo
souqueto y benguec un eissermen. — Anaquel
eissermen y benguec un razin. — Anaquel razin
y benguec un gru. — Anaquel gru benguec uno
gouto. — Manjo de merdo qui m'escouto.

3. LA LOUO

Y ablo un home que defumao uno sout.
Trobo uno escala de beyre, y passo, la coupo
pas, le loup y passo la coupo pas. La louo y
passo la coupo.

Qui l'a coupado ? — La louo.
Plantats y le nas jouts la qouo.

4. LA CRABO

Y ablo un cop un home que croumpec tres
crabos, — Uno s'apelao Blanqueto, l'autro
Rousseto et l'autro Negreto. — Coussi s'apelao
la prumiero ?

— Blanqueto.
— Plantos' y le nas joust la queto.

5. LE GAT

Y ablo un cop tres bestios. Un chabal, un
bloou, uno gato. Le chabal angueo à la guerro
et diguec :

— Ferro, ferro,

Qu'aben la guerro.
Le bioou damoro à l'estable et bramo :
— Bram bram,
Aben le fam.
Quino ero la tresiemo bestio ?
— Le gat.
— Dits : Jouts ma quo planto toun nas
Et pren de tabac.

6. LE JORDI

Le Jordi traballao à la bigno. — Soun mestre li fa pourta le panié per un drolle, et le Jordi dits en durbin le panié :

Pa d'ordi
Coucho te Jordi,
Bi escaudat
Jordi couchat.

Se coucho jouts un figuié.
Le drolle tourno al mestre que li démanjo :
— Ount es Jordi ?
— Jouts le figuié.
Mèmo causo un secound cop.
Le drolle tourno un tresiemo cop ambe soun panié.
Jordi le durbis, le flairo et dits :

Pa de blat
Jordi lebat,
Et de boun bi,
Bite Jordi,
Arrapo t'é qui.

Le meatre al droullou :
 Count es le Jordi ?
— Mousau el s'es arrapat à traballa.

A côté des petits contes viennent se ranger les souhaits de nouvel an, qui préoccupent si vivement l'enfance à cause des cadeaux dont ils seront la conséquence forcée.

Nous avons pu recueillir les suivants :

1.

Touto pitchouneto que soün
Yeu soun passado jouts le pount,
Malgrè le fred et la tourrado
Per bous soubaita la bouno annado.
Metets la ma à la poucheto
Et baillats me uno peceto.

2.

Bous souhaiti uno bouno annado
De fossos aoutros accoumpagnado.

(Comp. *Proverb. et devin.*, *Armagnac*, p. 150, n° 422, et *poés. pop.*, *Gascogne*, n° 2, p. 368.)

Cette formulette est quelquefois remplacée par la suivante, véritable jeu de mots d'assonance.

Bous souhaiti uno bouno annado
De feches d'aucos accoumpagnado.

3.

Moussu le curat,
Aro qu'aben pla cantat,
Dounats nous de boubous
Per n'empli nostres pouchous.

4.

En abordant une connaissance on lui dit :
Bouno annado,

Et cette dernière d'ajouter :
Bouno annado de Carcassouno,
Qui bous la souhaito bous la douno.

5.

On aborde une connaissance en souriant :
Bouno annado.

Elle vous répond en disant qu'il n'y a rien.

Vous ajoutez à mi-voix et en vous en allant :
Que crebets à miejo annado.

Ou bien :
Qu'ajets la fouïro touto l'annado.

8

Section 4°. — **Rondes et danses enfantines**

Si les jeux servent à développer les facultés physiques de l'enfance, les rondes et les danses y contribuent également pour une large part. Aussi croyons-nous devoir les placer ici, comme lien de transition entre les amusements de l'enfance ou de l'adolescence et les véritables danses de la jeunesse.

Il est facile de comprendre que les rondes et danses se multiplient à mesure que l'enfant croît en âge.

1. En cadiero

Lorsque ses membres trop débiles peuvent à peine le supporter, deux personnes plus âgées entre croisent leurs mains et soulèvent le marmot sur ce siège improvisé, puis elles avancent et ramènent successivement

lours bras pour imprimer un mouvement
au siège, en disant :

> En cadiero, madamo,
> En cadiero, moussu.

Quelquefois, on se met à courir en récitant
cette formulette pour que l'enfant croie
participer lui-même au mouvement.

Le bambin a grandi, et aujourd'hui il a
acquis la liberté de ses mouvements, aussi
va-t-il préluder à des exercices dans lesquels
il sera auteur.

2. LAS CREMALHOS.

Deux petites filles se tenant par les mains
entre-croisées chantent le couplet suivant :

> Las cremalhos soun sul foc,
> Rebiro, rebiro,
> Las cremalhos soun sul foc,
> Rebiro, margot.

(Ici elles changent les mains do côté.)

> Le carbou toumbo dins l'aygo,
> Richichi,
> Tiro me d'aqui.

(Elles reprennent la position première.)

Comparez : Montel et Lambert, *Chants*

pop. du Languedoc, p. 558 (Narbonne), p.
569 (Carcassonne), et Auguste Fourès,
Jeux pop. des enfants en Lauraguais, p. 11
(Castelnaudary).

3. TIRO LA FICELLO

> Le papa es courdouniè,
> La mama es doumayselo
> Tiro la ficelo !
> Et moun frayre es al cantou
> Tiro le courdou.

Cet amusement se pratique comme le
précédent.

Il a son analogue en français.

4. JAN PETIT

> Jan petit que danso...
> Que danso, que danso
> Ambe lou pè... pè... pè...

(On remue le pied).

> Ambe lou digt, digt, digt.

(On agite la main).

> Atal danso Jan petit.

Cet exercice est destiné à apprendre aux
petits enfants le premier élément de la cadence.

5. Le pe, la ma

Le pe, le pé, le pe,
La ma, la ma, la ma,
Rebiro te deça
Que te boli embrassa.

L'exercice précédent se double d'une volte. Vide : Montel et Lambert, loc. cit , p. 582.

6. La piuze

La piuze te pico, Jano,
La caldra cassa, Lalireto,
La caldra cassa
Lalira !

(Auguste Fourès).

7. La roundo del capucin

A la roundo del capucin,
Drin, drin,
A la roundo del capucin,
Salcisso !

(On s'accroupit.)

Fourès, *Jeux pop. des enfants en Lauraguais*, p. 11.

8. Cassoulet

— Benets de diaa ?
— N'aben pos de pa.
— Ount es le pa ?
— Le pa es al four.
    Cassoulet !

        (Montferrand, Aude).

9. La roundo del couben

A la roundo del couben
Margarido y ben souben.
  Manjo sa soupeto
  Sur uno tauleto.
  Manjo soun boudi
  Dessus un tapi.
  Quiquiriqui.

Imitation d'une ronde française.

10. Lé castel de la Tambiro biro

  Né un bel castel
  De la Tambiro, biro, biro,
  Né un bel castel
  De la Tambiro, biro bel.
— Mes le nostre n'es may bel,
— N'y a un faure sans parel, etc.

Cetto rondo, si connuo partout en France, nous fournit l'exemple d'un chant énumé-

ratif, chant que nous étudierons ultérieure-
ment. Comparez : Montel et Lambert *Poés.
pop. en Languedoc.* p. 5 (Azillanet Hérault).

Ces quelques exemples suffiront pour
donner une idée des chants de cette section.

~~~~~

Albi, Henri Amalric. — 1892 — 565

Couverture inférieure manquante

Début d'une série de documents
en couleur

P. FAGOT
(Pierre Laroche)

FOLKLORE
DU LAURAGUAIS

TROISIÈME PARTIE

Amusements de la Jeunesse

ALBI
IMPRIMERIE HENRI AMALRIC
1892

PAGE(S) VIERGE(S)

Fin d'une série de documents
en couleur

FOLKLORE

DU LAURAGUAIS

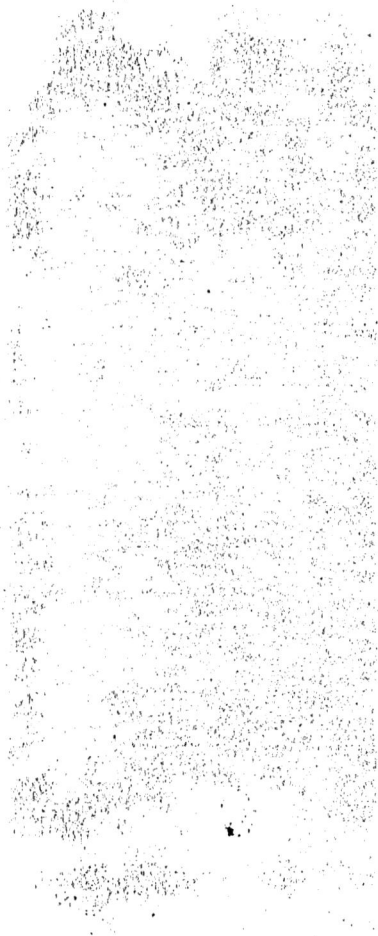

P. FAGOT
(PIERRE LAROCHE)

FOLKLORE
DU LAURAGUAIS

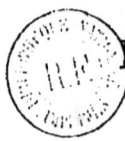

TROISIÈME PARTIE

Amusements de la Jeunesse

ALBI
IMPRIMERIE HENRI AMALRIC
—
1892

FOLKLORE
DU LAURAGUAIS

TROISIÈME PARTIE

Section 1re. — Danses.

§ 1er. — *Danses anciennes.*

Les danses de la jeunesse se distinguent
des danses de l'enfance, dont nous avons
parlé dans la deuxième partie, par la pré-
sence des instruments. Les instruments en
usage durant les périodes des danses anciennes étaient : la cornemuse (*boudégo*), celle
qui a disparu la première et qui était canton-
née dans certaines localités, surtout dans la
partie orientale ; l'*amboueso* (hautbois sans
clefs), le fifre (*pifré*), auxquels venaient s'ad-
joindre parfois la clarinette (*clarinetto*), le
violon (*biouloun*) et la vielle (*biolo*). Le tam-

bour et la grosse caisse servaient d'accompagnement en martelant la cadence. Aux
reprises ou dans certaines danses, la voix
des danseurs se mêlait au son des instruments, durant quelques hémistiches, ou mo-
dulait l'air avec le classique tra, la, la.

Lorsque les instruments faisaient défaut
on dansait en chantant quelques paroles en-
tremêlées du tra la la. Ce dernier usage s'est
encore conservé, comme nous le verrons plus
tard.

1° RONDES.

Les rondes des adultes sont la continua-
tion des rondes de l'enfance. Voici celles que
nous avons pu recueillir :

1. *Digos Janeto*

— Digos, Janeto,
Bos te tu louga,
Lalireto ?
Digos, Janeto,
Bos te tu louga,
Lalira !

— Nani, ma mayre,
Me boli marida,

Amb'un bioulounayre
Que sapie pla dansa,
Lalireto,
Que sapie pla dansa,
Lalira.

Amb'un bioulounayre
Que sapie pla dansa,
Faucha la bigno
Et dailha le prat.

Lebaren boutigo,
Bendren de tabat,
A cinq soous le rouge,
Doutze le muscat.

Autre version :

Après les mots :

Nani, ma mayre,
Me boli marida,
Amb'un bioulounayre
Que sapie pla dansa,

l'on ajoute :

— Se dansos gayre,
Toun payre te batra.
— Se bat que bate,
Saure m'y atourna.

— Se t'y atournos,
L'aze courrera.
— Se court que courgue,
Per bous courguec pla.

Voir : Damaso Arbaud, *Chants populaires dela Provence*, t. I, p. 203 (Provence), et Atger, *poésies populaires en Languedoc*, p. 15 (Azillanet en Bas-Languedoc), qui ont publié des versions différentes.

2. *La Troumpuso.*

On trouvera des explications sur cette ronde dans Madame Michelet (Mémoires d'un enfant) et surtout dans Solleville, *Chants populaires Bas-Quercy*, p. 334. La version du Lauraguais est plus complète.

Refrain

Dansen la troumpuso,
Qui refuso muso.

1. Dansen la troumpuso en ça,
   Dansen la trompuso en la,
   Dansen la troumpuso.

2. A la troumpuso en dabau,
   Cado filho a soun galan.

3. A la troumpuso en darre,
   Cado filho a soun berge.

4. Mes à tu te boli pas,
   Per que m'agrados pas.

5. Mes à tu te boli pla,
   Se pouden nous marida.

3. *L'ingrato pastourelo*

Apey quand la beiras,
Li diras :
Ingrato pastourelo !
Apey quand la beiras,
Li diras :
Ingrato que tu sias !

C'est la version des environs de Montauban donnée par Solleville, *Chants populaires
du Bas-Languedoc*, p. 236, dans lequel on
trouvera aussi la manière dont cette ronde
était dansée.

4. *Le Ramelet*

Le ramelet était une ronde qui se dansait
à la fin du bal comme aujourd'hui nos cotillons. Chaque deux couples formaient d'abord une ronde, puis les rondes particulières se fondaient en une seule ronde générale.
Au bout de quelques tours, les rondes particulières se reformaient ressemblant à des
rameaux détachés du tronc ; de là le nom.

Nous n'avons pas pu trouver encore des
paroles adaptées au ramelet. Tout ce que
nous savons, c'est que la ronde en question

se dansait comme à Toulouse en 1846, puisque Vestrepain dit, dans la *balotcho de San-
Subra* (espigos de la lengo moundino, p. 124) :

Jamay pus nou s'est biet fillos tant degourdidos
Per fa les ramelets, ni gougate tant laugés,
Per fa la pirouèto à l'aounou de lours belos.

. Et dans le glossaire qui termine son ouvrage, notre auteur dit : Ramelet, danse en
rond.

2° FARANDOLO.

La farandolo des provençaux ou cour-
rento des Gascons n'était guère pratiquée
que dans la partie orientale du Lauraguais.
Elle a été une des premières à disparaître.
Tout le monde sait que dans cette danse on
formait une chaîne dans laquelle les sexes
alternaient et que cette chaîne se déroulait
en longs rubans sur les places, dans les rues
et les carrefours. Solleville a fait connaître
quelques farandoles usitées jadis dans le
Bas-Quercy ; il ne nous a pas encore été
possible de recueillir chez nous des paroles
qui s'y adaptent.

3ᵉ La trallo,

Le branle (*la Trallo*) s'appelait bralle
(Goudoulin, édit. Noulet, p. 304. Note 1.
— Branle. Bladé, *poésie pop. Gascogne*, t. III,
p. II, et Solleville, *chant pop. Bas-Quercy*,
p. 333.)

Les couples se mettaient les uns à la suite
des autres, ayant les mains entrelacées ; à
un signal donné le premier couple se mettait
en branle en tournant sur lui-même et en
avançant, le second le suivait et ainsi de
suite jusqu'à ce que tous les couples pirouet-
tant aient formé une ronde libre.

De temps en temps pour s'exciter on
chantait :

Trallo-trallo,
Tout se debrallo.
Trillo-trillo,
Tout se debrillo.

4° Le rebiroulet.

Un danseur se plaçait entre deux danseuses, prenait de la main gauche sa danseuse
du même côté et après avoir exécuté un

tour avec elle en se tenant par la main la
remettait en place ; puis il prenait avec sa
main droite sa danseuse du même côté
faisant avec elle un tour comme avec la
première ; puis il exécutait un mouvement
en sens contraire de manière à faire changer
sa danseuse de place, ce qui le forçait à
revenir sur lui-même (*rebiroula*). Au milieu
de ce manège, il chantait :

Rebiroulet es un paure home,
Quand a dinat — n'a pas soupat.
Ah ! plagüets le
Rebiroulet.

5° LE RIGAUDOUN.

Le rigaudon se compose de deux reprises ; l'air est toujours gai et sautillant.

1. *La piuse*.

La piuze te pico, Jano,
La caldra cassa
Lalireto,
La caldra cassa
Lalira.
La camiso'es courto,
La caldra empeuta
Lalireto,
La caldra empeuta
Lalira.

2. *La boudego.*

Aben npo boudego
Que nous costo nau franco,
Se la boulets àprene
Bous coustara autant,
Benets à touto houro,
Benets quand bouldrets,
Dins la grand'carriero
Bous m'atroubarets,

3. *Res que d'y pensa.*

Res que d'y pensa
Quand la cal quita
Ne perdi la testo,
Res que d'y pensa
Quand la cal quita
Fau pos que ploura.

4. *Jamay Aubergnat.*

Jamay Aubergnat
Nou m'a fait la niquo,
Jamay Aubergnat
Me la fara pas.

6ᵉ LA BERGERETO.

Un danseur et une danseuse se placent
vis-à-vis l'un de l'autre et s'avancent en se
saluant. Puis ils se retournent et s'éloignent
à reculons et rétrogradent toujours à reculons jusqu'à ce qu'ils se touchent, alors on

se retourne et l'on bat ses mains contre les
mains de son vis-à-vis. Cela fait, on s'éloi-
gne un peu et l'on s'avance de nouveau ;
enfin, quand on est près l'un de l'autre, le
danseur embrasse sa danseuse.

Tout en dansant le danseur chante :

> Biro le loup, bergereto,
> Que te manjo un mouton.
> Biro le loup, bergereto
> Biro le le loup
> Et fay m'un poutou.

7° LA BOURREYO OU BOURRIL

Un danseur et une danseuse se placent
vis-à-vis et s'avancent lentement l'un vers
l'autre en sautillant. Puis ils se saluent en
frappant leurs deux mains individuellement,
mais en même temps. Ils se relèvent, se
tournent le dos, et se saluent de nouveau
dans cette position tout en frappant des
mains comme la première fois. Cela fait,
ils se retournent, se prennent par une seule
main et, les bras presque tendus, décrivent
un cercle.

Les paroles s'adaptant à cette danse ne nous sont point connues.

8° L'AUBERGNATO OU AUBERGNASSO.

On sautille sur place et tout en sautillant on frappe des mains en les rejoignant d'abord sous une jambe levée, ensuite sous l'autre jambe et enfin derrière le dos tout en chantant :

> Et pour bien canta bibo la Limousino
> Et pour bien dansa bibo l'Aubergnat

---

§ 2° — *Danses modernes.*

Les danses anciennes disparaissent de jour en jour, et déjà la plupart ne vivent qu'à l'état de simples souvenirs. Elles sont remplacées par les danses actuelles, qui se sont acclimatées successivement surtout depuis 1830. Les instruments qui servent d'accompagnement aux danses anciennes ont aussi à peu près disparu pour faire place aux instruments de cuivre, les seuls usités à ce jour.

L'introduction de ces derniers instruments,

se suffisant à eux-mêmes pour le chant et l'accompagnement, a entraîné la disparition des chants de danse ; pourtant, durant la période de transition, comme la musique instrumentale faisait quelquefois défaut, nos paysans adaptaient des paroles aux mélodies populaires pour remplacer les instruments. Nous avons pu recueillir quelques-unes de ces paroles, que nous faisons connaître à titre de simples documents.

1° VALSE

On chantait sur un air de valse les fragments de pastourelle suivante que nous avons omis de donner dans notre première partie :

.— Si tu aimes la danse,
Je t'apprendrai la cadence
Au son du violon.
Viens dans mon salon,
Nous y valserons.
— Yeu soun filho joyouso
Et me trobi hurouso
En gardan moun troupel,
N'y a res de may bel
Que mous blancs agnels.

2° POLKA

Y boli pas ana, al bosc touto souleto.
Moun galan y sario
Et may m'embrassario.
Mes, per le pla trapa,
Y boli pas ana.

3° VARSOVIANA (Barsoubieŋo)

Aquel homo (ter), aquel home d'amoun,
S'apelao (ter), apelao Ramoun,
    Tralalala (bis), tralala-lala.
Aquel home (ter), aquel home d'aici,
S'apelao (ter), s'apelao Marti.
Aquel home (ter), aquel home d'abal,
S'apelao (ter), s'apelao atal.

4° QUADRILLE

Le quadrille se compose d'un pot pourri d'airs populaires, comme cela a lieu en français.

1ʳ FIGURE

A cinq soous les castagnous,
Benets les querre, benets les querre,
A cinq soous les castagnous,

2

Benets les querre que soun bous.
  Les bioulounayres,
  Soun d'acabayres,
  Les musiciens
  Soun de bauriens.

2ᵉ FIGURE

  Quino mayre que yeu è
  Qu'enten pos le rebiroule.
  Enten pos le trico-trico-traco
  Enten pos le cor de la goujato.

3ᵉ FIGURE

  Madoumaiselo,
  Fasets bous belo,
  Bostre galan
  Bendra oungan.
  Se bous embrasso,
  Fasets li plaço,
  Se bous mourdis,
  Fasets amits.

4ᵉ FIGURE

Cette figure s'appelle en patois *la menayro*, parce que le danseur amène deux danseuses par les mains.

Durant cette figure le danseur chantait quelquefois :

La menan, la menan, la pauc que bal,
La menan, la menan al miey del bal.

5ᵉ FIGURE

Les paysans donnent à cette figure le nom de *galoupayro* ou *degourdido,* à cause des évolutions auxquelles elle donne lieu. Nous savons qu'il existe des paroles d'accompagnement, mais nous n'avons pas pu nous les procurer jusqu'à ce jour.

Section 2. — Chants de Carnaval.

Si vous parcourez le Lauraguais durant la période des jours gras, vous rencontrerez peu d'animation dans les villes et les villages. Quelques gamins se contentent de brailler à satiété *l'Adiu paure Carnabal.* Dans quelques localités, le mannequin représentant Carnaval est promené par des

jeunes gens pour obtenir des propriétaires
aisés une obole destinée à payer les musiciens préposés à l'orchestre du bal prochain.
A Lanta, vous verrez la fête traditionnelle
du baisement... des cornes encore en usage.
A Montferrand d'Aude, le *patito* encorné
sera juché sur un brancard et porté en
triomphe sur les épaules de quatre gaillards
robustes. Çà et là, quelques lamentables
déguisements compléteront le tableau.

Toutes ces mesquines réjouissances vous
donneront une idée incomplète des passe-
temps d'autrefois. Déguisements variés, ca-
valcades multicolores, refrains populaires,
charivaris assourdissants, tribunaux comi-
ques, noyade de Carnaval, farces excentri-
ques, vous avez disparu graduellement sous
le flot envahissant des amusements moder-
nes. A peine avons-nous pu sauver de l'oubli quelques lambeaux de ces coutumes
oubliées.

Le mardi gras était principalement con-
sacré à la promenade du bonhomme Carna-

val et au déploiement de son cortège de
masques.

Une paire de culottes, un gilet à ramages,
une *lévite* défraîchie et un chapeau à haute
forme bosselé par l'usage, enfin une perche
en peuplier étaient les éléments indispensa-
bles pour la confection du mannequin.

Vous bourriez de paille la culotte et le
gilet, vous introduisiez la perche à l'endroit... spécial de la culotte et le faisiez res-
sortir par le haut du gilet de manière que
son extrémité supérieure permît d'y caler le
chapeau. Puis vous faisiez endosser la *lévite*
et vous garnissiez les manches de paille, et...
Carnaval, dominant la foule du haut de sa
perche, commençait sa marche au milieu
des rues, avec accompagnement du chant :
Carnabal es arribat.

Parmi les masques, brillaient le porteur
de cornes, le sauvage qui avait enduit son
corps de miel et s'était ensuite roulé au
milieu de plumes de poulet, le pêcheur à la
ligne qui amorçait les gamins avec des

figues ou des dragées, le charlatan, etc.

Mais ce qui excitait le plus l'hilarité, c'était le char culinaire. Un marmiton sur un fourneau mobile, confectionnait des *pescajous*, qu'il lançait à la ronde, pendant que les autres masques attisaient le feu, oignaient la poële de graisse et surtout pendant qu'un grand escogriffe puisait dans un vase de nuit à moitié rempli de vin blanc des morceaux de saucisse pour imiter le double produit liquide et solide de la digestion. J'allais oublier la femme qui levait sa chemise pour chercher des puces absentes.

Le charivari, la dispute de Carnaval et de Carême, le jugement de Carnaval et son exécution étaient ordinairement réservés pour le mercredi des Cendres, jour où l'on chantait à tue tête l'*Adiu paure Carnabal·*

§ 1ᵉʳ. — *Chants de Carnaval.*

On chantait sur un air de marche sautil-
lante :

I.

Carnabal es arribat,
Le brabe, le brabe,
Carnabal est arribat,
Le brabe goujat.
Et es mountat sur un piboul
S'escouissarrec le trauc del c....l.

Variante :

Es arribat amb'un trauc al c.....l,
Le brabe c.....n.

II.

1. Carnabal es arribat
   Que n'es pas de l'an passat
   Ambe frisous et tatarinos
   Que li penjoun suè las esquinos,
   Li amagan toutis les els ;
   Ressembl'àn'un criminel.
2. Aici aben carnabal,
   Que bol mounta à chabal ;
   Mes el bol uno cabalo
   Que sio pla bridad' et sellado
   A qui be n'aura pla prou
   Per manja le cambajou.

3. Carnabal bol per soupa
   Uno taulo pla garnido
   Un grand capou roustit pla
   Uno poulo pla farcido
   Un'ansalad'al dessus
   N'y demandaren pas pus.

4. Carnabal es arribat
   Que n'es pos lo de l'an passat,
   Le cal fa manja et beure
   Et li fa neteja le beyre
   Peraban de l'ana nega
   Al riu qu'és per delà Mountcla.

III.

Ent'alentour de carnabal
Padeno, cassets et metal,
Grils et payrols et lechofrito,
Tout anira dins la marmito
La broch'anira tout le joun
Et nous dibertiren pla dounc.

IV.

Carnabal es darre la porto,
Carnabal es darre le pourtal,
   Que danso, que danso,
   Aquelo bieilho ranço
      De carnabal.

V.

Carnabal cag'à las caussos
Crid'à sa mouilbé :
Porto m'en blancos ou roujos,

Pourbu que siosquen pas merd...
Et un peilloucas
Per freta'l choulas
Anaquel pourcas.

VI.

Carnabal es dins uno cabo
Que ben de bi à ple founil
Per fa las aunous à sou fil.
Carnabal coum'un rat es paure
Amb'uno cordo l'an estacat
Et dins un bosc l'an emmenat.

VII.

Carnabal s'abaoço,
Cal tasta la salço,
Carnabal s'en ba
Cal tasta le pa.

Après les chants de réjouissance, voici les lamentations.

Les couplets suivants et le refrain se chantent sur un air de mélopée donné par Solleville.

REFRAIN

Adiu paure (ter), adiu paure Carnabal,
Tu t'en bas et ieu demori
Per manja la soupo à l'oli.

VIII.

1. Et la pauro coumo morto
   Respoundra dedins soun lieit :
   — Quand de cops daban ta porto
   Yeu e passado la neit.

2. Carnabal es un boun bougre
   Que nous daysso sans argen,
   De merluss' et may de sardo,
   Paure bougre, crebo-t'en.

3. Carnabal es un brabe home
   N'arribo pas qu'un cop l'an
   Fa deberti la junesso,
   Les pichous et may les grands.

Le refrain : *adiu paure carnabal* est très répandu, puisque nous le trouvons dans :

Anacharsis Combes, *chants popul.*, *pays Castrais*, p. 29.

Bladé, *Poésies pop. Gascogne*, t. II, p. 293.

Solleville, *Chants pop. Bas Quercy*, p. 321.

La Campano de Magalouna, 1re année, n° 4, 1er mars 1892, a donné sept couplets très différents.

Hercule Birat, *Poésies françaises et patoises*, t. I, p. 185, a composé une paraphrase littéraire de notre complainte sous le titre caractéristique *lou De profundis de Carnabal.*

Dans la *Gragnoto de San-Pol*, p. 212, le même auteur a décrit la noyade de Carnaval telle qu'elle se pratique dans le Narbonnais.

Avant l'exécution du coupable, qui avait lieu soit par immersion, soit par combustion, soit par inflammation au moyen de bourres de fusil, avait lieu la dispute de Carnaval avec Carême.

Ceux que la question intéresserait trouveront un fragment de cette dispute, dont une version de Vénerque a été publiée, dans le journal *Lé Gril*, année 2, n° 10, 1892.

---

§ 2. — *Charivaris.*

Les charivaris (*calibaris, courre l'axe*) se pratiquaient durant la période du carnaval et se clôturaient le mercredi des Cendres. On composait, à cette occasion, des chansons spéciales, dont tout le sel consistait en allusions personnelles, qui excitaient l'hilarité des contemporains, mais qui ont perdu aujourd'hui leur saveur primitive pour nous, étrangers aux particularités visées.

Les noms de certains fabricants de chansons de charivaris ont été longtemps en vogue. Nous citerons le cordier Clastres, de Villefranche, qui fournissait, le plus souvent moyennant finances, des couplets de circonstance non seulement à sa ville natale, mais encore aux villages voisins. C'était un rimeur émérite, qui avait même quelquefois le trait piquant et heureux. Un anecdote à son sujet.

Une année, il avait invité à dîner tous les notables de Villefranche ; chacun, pour ne point encourir sa malice redoutée, fut exact au rendez-vous. Seulement, lorsque les convives se trouvèrent réunis, l'amphytrion s'excusa en leur disant qu'il n'avait à leur offrir qu'un même plat de sardines à

cause de l'état minable de sa bourse. On se
regarde d'abord, en riant, de travers, mais,
comme il se trouvait parmi les assistants
quelques hommes d'esprit, ceux-ci propo-
sèrent un pique-nique. Aussitôt dit, aussitôt fait. Chacun courut chez lui pour en
rapporter des victuailles et des bouteilles ;
la table de notre cordier fut bientôt couverte,
et l'on festoya joyeusement au milieu des
rires et des chansons.

Les choses ne se passaient point toujours
d'une façon aussi gaie. Dans quelques
communes, le *patito,* après avoir été chan-
sonné, était poursuivi par le populaire
armé de fusils et se réfugiait dans les bois
les plus proches pour éviter l'atteinte des
chasseurs ; mais il était toujours rejoint, et
l'on faisait semblant de tirer sur lui. L'un
des chasseurs, dans une circonstance, avait
oublié de débourrer un fusil. Il presse la
détente, le coup part et le plomb vient
siffler aux oreilles de celui que l'on décorait
d'un vocable venant du latin *Cornutus.*

Souvent avait lieu sur la place publique
le jugement et la condamnation du coupable
en effigie.

N'oublions pas de dire que le cortège
était escorté de tous les instruments discor-
dants, pelles, pinces, cornets, etc., capables
d'ébranler les oreilles les moins délicates.

Voici quelques extraits à titre de documents des *fa courre l'aze* :

1. Benets aici, junesso,
   Benets per escouta
   Une cansou noubelo
   Que bous anan canta.
   N'es faito per un home,
   Toutis an saboun pla
   Sa fenno rembouyado
   Quand anguec le cerca.

Refren

   Aquel ficut bavard
   Et flandrin et muscadin
   Le metren chef del lutrin
   Al pupitre (*ter*).

2. El s'en anguec en bilo,
   En bilo passéja,
   Et tu, le pauro tristo,
   A l'oustal cal damoura,

Se n'as pos d'autros emmailos
Amb'el tu te cal coutcha,
Et, per tas grandos fautos,
Sur l'aze te caldra mounta.

3. Le dimenge, dins la souerado,
Entend la corno tuta
Et la bieillo fousquec troublado
Taleu que l'embouyec cerca.
Le jour de toun mariatge,
Madamo, cal respecta,
Se la bos pos escouta,
Quelque cop te caldra ploura.

Refren

Aquelo bieilho boudeguo
Nous boulio fa trambla,
Mes nous autres del quartié
Nous fican d'aquel foumarié!
Sôun marit sort ambe la cuilhèro
Per li fica aco sul cap
May la tristo en coulèro
Atrapo soun engragnero
Et li coupo cinq coustelos.

SECTION 3e. — **Chants nuptiaux.**

Ces chants, qui, dans la Gascogne, pré-
cèdent et suivent toutes les cérémonies
nuptiales, se déroulant avec chacune d'elles,
ne se font entendre dans le Lauraguais que
pendant le repas de noces. Aussi sont-ils
peu nombreux. Nous n'avons placé dans
cette section que les chants nuptiaux proprement dits, la plupart des chansons du
chapitre suivant n'étant point destinées à
cet objet spécial et n'étant chantées que pour
la circonstance :

I

La filho d'un marchand
Disoun que la maridoun,
La maridoun len d'aici
Que se sap pos pla besti.

1. La preni per la ma
La meni chel noutari,
Anen, noubieto,
Bous atardets pas,
Et cap al noutari
Filats à grand pas.

2. La preni per la ma,
   La meni à la gleyzo,
   Anen, noubieto,
   Acouitats le pas ;
   La messo sera dite,
   N'espousarets pas.

3 La preni per la ma,
   La meni à la taulo ;
   Manjats, noubieto,
   Manjats à pichous mos,
   Et prenets bous gardo
   D'abala cap d'os.

4. La preni per la ma,
   La meni à la danso ;
   Dinsats, noubieto,
   Dinsats à pichous pas
   Et prenets pla gardo
   De trabuca pas !

Comparez : Bladé, *poés. pop.*, *Gascogne*,
t. I, p. 304.

II

Refrain

N'y a pos cap de pailho al lieit,
   Que nou tramble
N'y a pos cap de pailho al lieit,
   Que nou trambl' aquesto neit.

Ce quatrain, servant de refrain aux cou-

3

plets d'une chanson à l'allure trop libre,
est souvent répété en chœur par les convives dans les festins nuptiaux après le chant
des couplets des chansons ordinaires.

III

Maridan la Bernado
Ta pla qu'aben sapiut,
Mes l'aurion maridado
Milhou sabion pouscut.

IV

Ratamplam, tiro liro,
En Jousseran se marido,
Ratamplam, tiro liro, plam,
Le maridaren oungan.

SECTION 4e. — Chants de conscription.

Ces chants se font entendre dans le mois
qui précède le tirage au sort. Les jeunes
gens *de la classe*, précédés d'un tambour,
parcourent les rues dans l'après-midi du

dimanche en faisant retentir les airs de chants patriotiques.

Le jour du tirage au sort, au tambour l'on adjoint un drapeau. Chaque commune du canton envoie son groupe, tambour et drapeau en tête. Après le tirage, les numéros sont inscrits à la craie sur le dos du vêtement ou arborés sur la casquette, et chacun rentre chez soi, pour continuer dans sa commune les chants et les « beuveries ».

La seule chanson patoise que nous ayons entendue est la suivante :

> Le galan de la Catin
> A pourtat le numéro cinq.
> Catineto, ploures pas,
> Toun galan partira pas,
> S'el ablo pourtat pus fort
> Sario pas toumbat al sort.
> Le curé de San Subra
> Le boulio fa reforma ;
> Le curé de san Sarai
> Dits que pouira pas parti.

Albi, Imp. H. Amalric. — 1892 — 695.

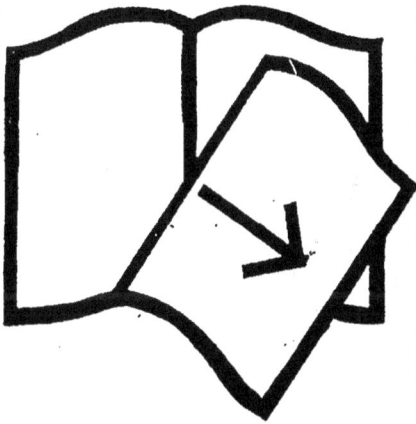

Couverture inférieure manquante

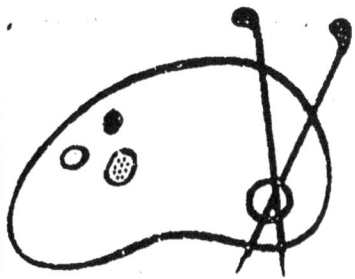

Début d'une série de documents
en couleur

P. FAGOT

(Pierre Laroche)

FOLKLORE

DU LAURAGUAIS

QUATRIÈME PARTIE

CHANTS

ALBI

IMPRIMERIE HENRI AMALRIC

—

1892

PAGE(S) VIERGE(S)

Fin d'une série de documents
en couleur

FOLKLORE

DU LAURAGUAIS

P. FAGOT

(PIERRE LAROCHE)

FOLKLORE

DU LAURAGUAIS

QUATRIÈME PARTIE

CHANTS

ALBI

IMPRIMERIE HENRI AMALRIC

1892

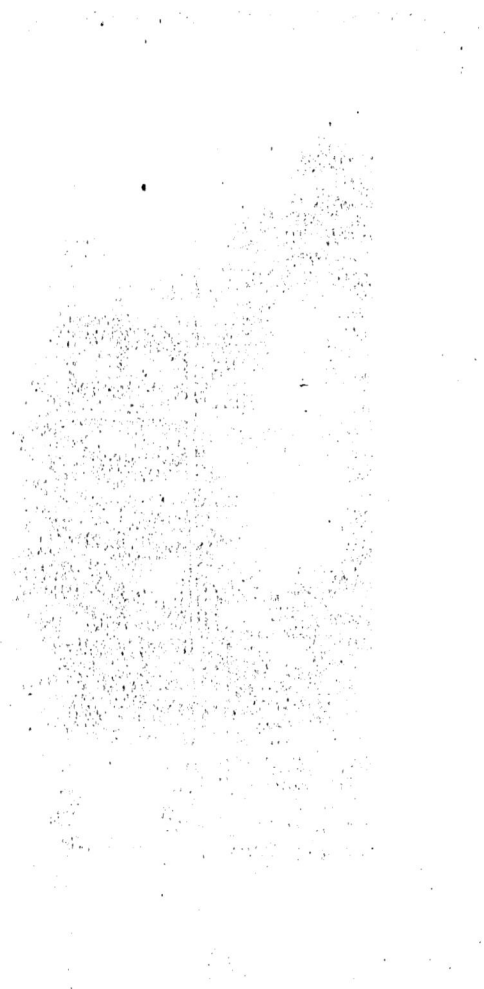

FOLKLORE
DU LAURAGUAIS

QUATRIÈME PARTIE

CHANTS

Ici la muse populaire répand ses plus belles frondaisons, et cela n'a rien d'étonnant, lorsque l'on sait que le peuple manifeste par des chants ses chagrins, ses joies et ses espérances. Aussi les modifications de ces chants sont-elles innombrables, affectant les formes les plus diverses et mettant à leur service les ressources d'une prosodie variée.

Les circonstances principales dans lesquelles ils se font entendre sont les repas en commun, les veillées d'hiver au coin du feu, les longs travaux agricoles, etc.

Nous avons groupé ces chants si nombreux en plusieurs sections, ce qui nous permettra de donner de courtes notices sur la plupart d'entre eux.

Section 1re. — Chants énumératifs.

Ces chants se composent généralement d'un refrain que l'on répète après chaque couplet et d'un couplet psalmodié dans lequel on énumère des objets déterminés, en ajoutant à chaque couplet un nouvel objet et en récapitulant souvent les objets précédemment énumérés.

Ces chants, se prêtant, par leur développement indéfini et leur monotonie, à assoupir les enfants, sont souvent employés par les nourrices, ce qui les a fait ranger par Montel et Lambert dans les chants de l'enfance. Mais, si quelques-uns, par leur simplicité, peuvent se prêter à cet usage, d'autres, plus compliqués, exigent une mémoire sûre d'elle-même et rentrent dans les chants proprement dits, formant ainsi une chaîne ininterrompue que nous n'avons point voulu briser pour que l'on se fasse une idée d'ensemble.

L'énumération étant par elle-même insi-

pide et fastidieuse, on a été obligé, pour lui
donner un peu plus d'attrait, d'employer des
combinaisons variées qui puissent modifier
leur uniformité. Ce sont ces combinaisons
que nous allons essayer de faire connaître.

————

§ 1er. — *Changement de l'objet seul.*

4. Les esclops.

1. Cinq soous cousteroun (ter)
   Les esclops,
   Quand eroun (ter) noous,
   Quand eroun (ter) noous.

2. Cinq soous *d'estacos* (bis)
   Pes esclops,
   Quand eroun (ter) noous,
   Quand eroun (ter) noous.

3. De *puntos.*

4. De *cordos.*

Variante :

Le premier couplet comme ci-dessus.

2. Yeu les *croumpegui*
   Les esclops,
   Quand eroun (ter) nooua,
   Quand eroun (ter) nooua.
3. Yeu les bategui, etc.
4. Yeu les ferregui, etc.
5. Yeu les carguegui, etc.
6. Yeu les coupegui, etc.

Ces deux versions, si connues, ont été données par Montel et Lambert avec d'autres semblables dans les *Chants popul. du Languedoc*, p. 425, 431.

2. LE COS.

Refrain

Es tu que m'as tant trahido,
Et yeu m'en soun pas sentido.

1. Le *penou* toucao,
   Le biouloun jougao,
   Et jogo del biouloun,
   Moun amio, toutjoun.
2. Le *genoul* toucao, etc.
3. La cambo.
4. La cueisso.
5. Le bentrou, etc.

3. LE MERLE.

1. Le merle a perdut le bec,
   Le bec, couec.

Refrain

Comment fera-t-il pour chanter le merle ?

    2. Le merle a perdut le cap,
        A perdut le bec, couec, etc.

    3. Le merle a perdut uno alo,
        Le cap, le bec, etc.

    4. Uno autre alo, etc.

    5. Le bentre.

    6. La cambo.

    7. L'autro cambo.

    8. La queto.

    9. Uno pato, etc.

Montel et Lambert, loc. cit., p. 458.

---

§ 2. — *Changement de l'objet et de la rime.*

4.

Refrain.

Mes soulies soun routs,
Adiu, ma mignouno ;
Mes soulies soun routs,
Adiu, mas amours.

1. Les *soulies* soun de *papie*.
2. Le *debas* es de *damas*.

3. La camiso es blanc' et fino.
4. Las culotos, courto botos.
5. Le justaucorps picat des gorps.
6. La crabato, flico, flaco, etc.

Des versions de l'Agenais, de l'Ariège et du Périgord ont été données par les auteurs déjà cités de la page 114 à la page 121.

2.

Refrain.

Atal ba la zigozounzeno,
Atal ba la zigozounzoun,
Le bioulounayre n'a pos besoun.

1. Le bioulounayre bol unis souliès.
— Nani, ma mayre, n'a unis as pes.
2. Le bioulounayre bol un capel.
— Nani, ma mayre, n'a un de may bel.
3. Le bioulounayre bol uno camiso.
— Nani, ma mayre, n'a uno de griso.
4. Le bioulounayre bol unis esclops.
— Nani, ma mayre, n'a unis de trop.
5. Le bioulounayre bol un gilet.
— Nani, ma mayre, n'a un de drapet.
6. Le bioulounayre bol uno besto.
— Nani, ma mayre, n'a uno de resto.
7. Le bioulounayre bol d'argen.
— Nani, ma mayre, parlen de sen.

3.

1. La bielho, la pauro bielho
N'a pos qu'un coufet

Per s'amaga'l pel del toupet,
La bielho, la pauro bielho.

2. La bielho, la pauro bielho
N'a pos qu'un bestou
Per s'amaga le poupou,
La bielho, la pauro bielho.

3. N'a pos qu'un dabantal
Per s'amaga le trauc reial.

4. N'a pos qu'un esclop
Que fa toujoun pachic-pachoc.

(Castèlnaudary, Fourès).

----

§ 3. — *Changement de l'objet et de deux vers.*

I

Refrain

Del mouli à la maisou,
Truco me l'aze, Pierroutou.

1. L'autre joun m'en anguegui al lieit,
Troubegui la cambo de l'aze.
— Cambo, pauro cambo,
Pataras pos may la fango.

2. L'autre joun m'en anguegui al lieit,
Troubegui la queto de l'aze.
— Queto, pauro queto,
Biraras pos may las mousquetos.

3. L'autre joun m'en anguegui al lieit,
Troubegui l'esquino de l'aze.

— Esquino, paur' esquino,
Pourtaras pos may la farino.
4. L'autre joun m'en anguegui al lieit,
Troubegui le col de l'aze.
— Col, paure col,
Pourtaras pas may le licol.

Comparez Montel et Lambert, loc. cit., p.
464.

II

Refrain

Ma mayre, boli Pierrou,
Aquel qu'es tant poulidou.
Laitou, laitou, la lere,
Yeu le boli espouse.
1. Ma filho, que bos fa ?
El se sap pos penjéna.
2. Ma filho, pren un tailhur
Aquel que trabailho dur.
3. Ma filho, pren un coifur
Que te coufara ai sigur.
4. Ma filho, parles pas trop
Que te fou...e un cop d'esclop.
5. Ma mayre, gardats ne bouts
Que le bous fou...e a bous.

III

Refrain

Quino mayre que yeu n'e,
Qu'enten pos le rebiroulé,

Qu'enten pos le trico-trico-traco,
Qu'enten pos le cor de la goujate.

1. Ma filho, bos un moucadou ?
   Ma mayré, nou (bis).
2. Ma filho, bos unis souliès ?
   Ma mayré, n'e un parel as pes.
3. Ma filho, bos un dabantal,
   Ma mayré, e le que me cal., etc.
4. Ma filho, bouldrios un goujat ?
   Ma mayr' aro abets debinat.

Refrain

Quino mayre que yeu n'e
A coumpres le rebiroulé,
A coumpres le trico-trico-traco,
A coumpres le cor de la goujato.

Voir : Solleville, chants populaires Bas-
Quercy, p. 72.

IV

1. Quand eri pichouneto,
   Aymabi les fouassets ;
   Aro que soun grandeto,
   Aymi les goujatets.
2. Quand eri pichouneto,
   Fasio l'amour pes horts,
   Aro que soun grandeto,
   Le fauc dins les lansols.
3. Quand eri pichouneto,
   Aymabi de jouga ;
   Aro que soun grandeto,
   Preferi may dansa.

V

Refrain

La piuze amb'el pezoul
Se marideroun l'autre joun,
Lanfa lalireto,
Se marideroun l'autre joun,
Lanfa lalira.

1. Quand benguenoun d'espouss,
   N'abiou pas res per manja,
   L'auriol leu arribec
   Amb'un pa de dous al beč.

2. De panet nous naben prou,
   Mes de bi nous n'abén nou.
   Un mouscaiihou sort d'apraqui
   Amb'un barricat de bi.

3. Aro de bi nous n'aben prou,
   Mes de car nous n'aben nou.
   Un parpalhol sort de pel bol
   Amb'un bioou roustit al col.

4. Aro de car nous n'aben prou,
   Mes de cousinié n'aben nou.
   Le grapaud sort de pel fangas
   Amb'un gros cuilhié jouts l' bras.

5. La piuze sort de pel lansol,
   Fa quatr' ou cinq sauts pel sol,
   Le pezoul sort de pel petas
   Et prend nostro piuze pel bras.

6. De dansayres n'aben prou,
   Mes de jougaires n'aben nou,
   Le rat sort de pel palbié
   Ambé soun tambour d'arrè.
7. Yeu bous jougare be prou
   Se me parats del mounou,
   D'el mounou te pararen,
   — Mes de la gato nou saben.
8. Te pararen del mounou
   De la gato nou saben nou.
   La gato sort del cendras
   Et sauto sul gipou del rat.

Ce chant est très répandu. On en trouvera des versions différentes dans : Montel et Lambert, *chants pop. du Languedoc*, p. 508. — Solleville, *chants pop. Bas-Quercy*, p. 300. Almanac pat. Ariège. Annado 2, p. 25.

---

§ 4. — *Changement d'objet et de trois vers.*

4. JAN DE NIBELO.

1. Jan de Nibelo n'a un porc
   Que jouts le cap porto la mort,
   Jouts la quo la bufarelo
   Et bay, et bay, Jan de Nibelo.

2. Jan de Nibelo a un gousset
   Ambe la lengo escuro le casset
   Ambe la coueto la bayasselo.
   Et bay, et bay, Jan de Nibelo.

3. Jan de Nibelo a tres pijouns
   Le prumiè couo, l'aoutre pound
   Le tresieme fa sentinello,
   Et bay, et bay, Jan de Nibelo.

4. Jan de Nibelo n'a un hort
   Qu'es tout ramplit de janitort
   Et de flous coulou de jaunelo,
   Et bay, et bay, Jan de Nibelo.

5. Jan de Nibelo n'a tres gats,
   Dous n'atrapoun jamay les rats,
   Le darniè manjo de candelo,
   Et bay, et bay, Jean de Nibelo.

Comparez Montel et Lambert, p. 441-444 ;
Bladé, *poés. Pop. Gascogn.*, t. 3, p. 166.

Eugène Roland, *recueil de chans. pop.*, t. 4,
p. 56.

Version de Colognac (Gard), et loco cit.,
p. 55, versions françaises.

Le vocable de Jean de Nibelo subit des
modifications : Jean de la Riulo (Toulousain
et Agenais) ; — Guilhaumelo (Gard), etc.

Il existe une deuxième chanson sur Jean
de Nibelo qui, par sa facture, rentre dans

les chants énumératifs du numéro 1, c'est-
à-dire *changement d'un seul mot.*

1. Jan de Nibelo, moun amic,
   As ta fenno mal *coufado,*
   Bailhome lo, la ceufarei
   A touto houro (bis),
   A touto houro de la neit.
2. Mal penjenado, etc.

3. Mal atifado, eto.

Voir : Anacharsis Combes, *Chants pop.
pays. Castr.*, p. 85. Montel et Lambert, loco
cit., p. 465.

Bladé, loco cit., p. 32.

Le Gril, N° 6, col. 3, prumiero annado.

2. LA COUSINIERO

1. Un lebraut sabi pluma.

Refrain

Yeu que me boulegui,
Me remeni, me boulegui,
Yeu que me remeni pla
Le sabi tabes manja.
2. Un lleit que yeu sabi fa,
   Yeu que me remudi pla
   Le sabi desparrequa.
3. Uno bouteilho sabi laba,

2

Yeu que me boulegui pla
Ta pla sabi la buda.
4. De cocos sabi mounta,
Yeu que me remeni pla
Sabi may las abala, etc.

3. L'HOMME PICHOU

Refrain

Yeu n'e un drolle qu'es pichou
Au poudets be dire,
Au poudets be dire,
Au poudets be dire qu'es pichou.

1. Amb'un pan de telo griso
   Li e fait uno camiso
   Et del resto un moucadou,
   Au poudets be dire, etc.

2. Amb'un pan de mouletoun
   Li e fait un pantaloun
   Et del resto un giletou.

3. Amb'un soul clesc d'abelano
   Li e fait uno cabano
   Et del resto un finestrou.

4. D'uno aguilho despuntado
   Li e fait uno aguilhado
   Et del resto un coutelou, etc.

Voir : Bladé, *poésie pop. Gascogne*, t. II,
p. 324. Tricoutet.

§ 5. — *Enumération double.*

Les chants de ce paragraphe se distinguent des précédents en ce qu'ils énumèrent deux objets à la fois.

On en trouvera plusieurs exemples dans Montel et Lambert. Nous nous contenterons de donner à titre d'exemple le plus usité dans notre région.

4. Le mes de mai.

1. Le prumie del joun de may
   Que dounare à ma mio,
   Quatre gurjils, dos tourtourelos,
     Poulidos et belos,
     Uno perdigolo,
   Que bien, que bien, que bolo (bis).

Refrain.

La chim, bambarae, la poum, poum, poum.
2. Le segound del mes de may
   Que dounare à ma mio,
   Quatre gurjils, dos tourtourelos,
     Poulidos et belos,
     Uno perdigolo,
   Que bien, que bien, que bolo,
   Et dous bouquets blancs.

3. Le tres, tres tirous boulans.
4. Le quatre, quatre pijouns blancs.
5. Le cinq, cinq lapins en terro.
6. Le sieis, sieis souldats touraan de guerro.
7. Le sept, sept lebres de per les camps.
8. Le beyt, beyt poulidis chabals blancs.
9. Le nau, nau goussos lebries courans.
10. Le dets, dets moutous belans.
11. Le ouuze, ouuze bounets blancs.
12. Le doutze, doutze doumaiselos.
13. Le tretze, tretze cofos belos.
14. Le quatorze, quatorze pas blancs.
15. Le quinze, quinze bouteillos de bi blanc, etc.

---

§ 6. — *Enumération par enchaînement.*

Nous appelons ainsi l'énumération dans laquelle le dernier vers du couplet se répète pour former le premier vers du couplet suivant.

1.

Refrain (se chantant après chaque couplet).
Dejouts un ramelet,
Anguen nous à l'oumbreto,
Roussignoulet.

1. Abal, abal, à la ribeireto,
   N'y a dos ou tres labairetos.
2. — Bous autros, labairetos,
   Me labarets uno sirbeto ?
3. — Que bos fa d'aquelo sirbeto ?
   — Per ne trapa uno lauzeto.
4. — Que bos fa d'aquelo lauzeto ?
   — Per ne tira uno plumeto.
5. — Que bos fa d'aquelo plumeto ?
   — Per n'escriure uno letreto.
6. — Que bos fa d'aquelo letreto ?
   — Per l'embouya à mà mestresso.
7. — Q'embouyaras à ta mestresso ?
   — Pla de poutets et de caressos.

Bladé, *poés. pop.*, Gascogne, t. 3. p. 198 et
404.

2.

Sab'uno cansouneto
Que n'es faito per bous,
Es la de la bruneto
Et de soun amourous.

1. Se bous boulets me prene
   Per estre moun galan,
   Yeu me metre dias l'aygo
   Dins le pesquié ta grand.

2. Se bous metets dins l'aygo,
   Dins le pesquié ta grand,
   Yeu me metre pescaire.
   Bous agir' en pescan.

3. Se bous metets pescaire
   Que m'ajete en pescau,
   Yeu me metre lebreto
   Dins aquel bosc ta grand.

4. Se bous metets lebreto
   Dins aquel bosc ta grand,
   Yeu me metre cassaire
   Bous agir' en cassan.

5. Se bous metets cassaire
   Que m'ajets en cassan,
   Yeu me metr' esteleto
   Dins aquel cel ta grand.

6. Se bous metets esteleto
   Dins aquel cel ta grand,
   Me metre hiroundeleto
   Bous agir' en boulan.

7. Se bous metets hiroundeleto
   Que m'ajets en boulan,
   Yeu me metre mounjeto
   Dins le couben ta grand.

8. Se bous metets mounjeto
   Dins le couben ta grand,
   Me metre coufessaire
   Bous agir' en coufessan.

9. Se bous metets coufessaire
   Et que m'ajets en coufessan,
   Tan bal que yeu sio bostro
   Et bous le miu galan.

Comparez Montel et Lambert, loc. cit.,

p. 547, version de Montferrier (Hérault), et
p. 548, Catarino, version du Narbonnais.

———————

§ 7. — *Énumération récapitulative.*

Ce mode d'énumération, usité dans quelques contes, est au contraire peu pratiqué
sous forme de chant. Nous ne connaissons
jusqu'ici dans le Lauraguais que la chanson
de la *Crabo* presque identique à la version
de Bédarieux (Hérault), que Montel et Lambert ont publiée à la page 535 de leurs *Chants
populaires* du Languedoc. On remarquera
que chaque couplet renferme un objet nouveau comme dans les énumérations précé-
dentes, mais que cet objet sert de pivot à la
récapitulation des objets déjà énumérés.

> 1. Yeu ne un cantou de mil
>   Que la crabo me manjao.

Refrain.

Crab' à mil,
Biro, bouquil,
Crabo, sort de per moun mil.

2. Mès le loup sort d'apraqui
Que boulio manja la crabo.
Loup à crabo, crab' à mil, etc.

3. Mès le gous sort d'apraqui
Que boulio manja le loup.
Gous à loup, loup à crabo, crab'à mil, etc.

4. Mès le poul sort d'apraqui
Que boulio pica le gous.
Poul à gous, gous à loup, loup à crabo, crab'à
mil, etc.

5. Le reinart sort d'apraqui
Que boulio chapa le poul.
Reinart à poul, poul à gous, gous à loup, loup
à crabo, crab' à mil, etc.

6. Le bastou sort d'apraqui
Que bol tusta le reinart.
Bastou à reinart, reinart à poul, poul à gous,
gous à loup, loup à crabo, crab' à mil, etc.

7. Mès le foc sort d'apraqui
Que bol brulla le bastou.
Foc à bastou, bastou à reinart, reinart à poul,
poul à gous, gous à loup, loup à crabo, crab' à
mil, etc.

8. Mès l'aygo sort d'apraqui
Que bol atuda le foc.

Aygo à foc, foc à bastou, bastou à reinart,
reinart à poul, poul à gous, gous à loup, loup à
crabo, crab' à mil, etc.

9. Mès le bioou sort d'apraqui
    Que bol beüre touto l'aygó.

Bioou à aygo, aygo à foc, foc à bastou, bastou
à reinart, reinart à poul, poul à gous, gous à
loup, loup à crabo, crab' à mil, etc.

10. L'estaco sort d'apraqui
    Que boulio jugne le bioou.

Estaco à bioou, bioou à aygo, aygo à foc, foc
à bastou, bastou à reinart, reinart à poul, poul
à gous, gous à loup, loup à crabo, crab' à mil,
etc.

11. Mès le rat sort d'apraqui
    Que boulio manja l'estaco.

Rat à estaco, estaco à bioou, bioou à aygo,
aygo à foc, foc à bastou, bastou à reinart, reinart à poul, poul à gous, gous à loup, loup à
crabo, crab' à mil, etc.

12. Mès le gat sort d'apraqui
    Que boulio manja le rat.

Gat à rat, rat à estaco, estaco à bioou, bioou à
aygo, aygo à foc, foc à bastou, bastou à reinart,
reinart à poul, poul à gous, gous à loup, loup
à crabo, crab' à mil, etc.

13. Un farou sort d'apraqui
    Que boulio tua le gat.

Farou à gat, gat à rat, rat à estaco, estaco à
bioou, bioou à aygo, aygo à foc, foc à bastou,

3

bastou à reinart, reinart à poul, poul à gous,
gous à loup, loup à crabo, crab' à mil, etc.

14. Et un fouet sort d'apraqui
Quê bol fousta le fàrou.

Fouet à farou, farou à gat, gat à rat, rat à
estaco, estaco à bioou, bioou à aygo, aygo à foc,
foc à bastou, bastou à reinart, reinart à poul,
poul à gous, gous à loup, loup à crabo, crab' à
mil, etc.

Section 2°. — Chants à consonances

Nous nommons ainsi des chants dont la
dernière syllabe des mots se modifie pour
rimer avec le vers initial. Ces chants, dont
nous n'avons pas pu trouver de traces dans
les recueils que nous possédons, sont intermé-
diaires entre les chants énumératifs et les
chants ordinaires.

1.

1. Anguegu'à la casso
Tufasso,
Bufasso,
Perlicoutasso.

2. Trapegu'un merle,
   Tuferle,
   Buferle,
   Perlicouterle.

3. Quand arribegui de la casso,
   Tufasso,
   Bufasso,
   Perlicoutasso.

4. Le mategui jouts une descasso,
   Tufasso,
   Bufasso,
   Perlicoutasso.

5. M'en bauc à la messo,
   Tufesso,
   Bufesso,
   Perlicoutesso.

6. Quand arribi de la messo,
   Tufesso,
   Bufesso,
   Perlicoutesso.

7. Jos, quin malhur ! le gat,
   Tufat,
   Bufat,
   Perlicoutat.

8. Abio manjat le merle,
   Tuferle,
   Buferle,
   Perlicouterle.

9. Trapegu'uno massasso.
   Tufasso,

Bufasso,
Perlicoutasso.

10. Ne fiqu'un cop al gat,
    Tufat,
    Bufat,
    Perlicoutat,
    L'é tout desproufitat.

2.

1. M'en bauc al bosc,
    Desic, desoc,
    Depicopatoc.

2. Bezi la lebre,
    Desic, desebre,
    Depicopatebre.

3. Bauc à l'oustal,
    Desic, desal,
    Depicopatal.

4. Trapi le fusil,
    Desic, desil,
    Depicopatil.

5. M'entourn'al bosc,
    Desic, desoc,
    Depicopatoc.

6. Tui la lebre,
    Desic, desebre,
    Depicopatebre.

7. Taleu à l'oustal,
    Desic, désal,
    Depicopatal.

8. Penji la lebre,
   Desic, desebre,
   Depicopatebre.

9. Le gat m'y ba,
   Desic, desa,
   Depicopats.

10. Manjo la lebre,
    Desic, desebre,
    Depicopatebre.

11. Trapi la banquo,
    Desic, desanquo,
    Depicopatanquo,
    Et toqui ma mayre sur l'anquo.

Section 3e. — Chants proprement dits.

§ 1er. — *Chansons d'amourettes.*

1º AQUELOS MOUNTAGNOS.

La plus connue et la plus populaire de ces chansons est celle nommée dans quelques recueils *la miu pastouro.*

Les couplets se chantent à une seule voix et le refrain est entonné en chœur. La version du Lauraguais est la plus complète à notre connaissance.

1. Jouts la miu fenestro,
   Y a un auzelou;
   Touto la neit canto,
   Canto pas per you (1).

   Refrain.

   Se canto que cante,
   Canto pas per you,
   Canto per ma mio
   Qu'es pla len de you (2).

2. Jouts la miu fenestro,
   Y a un amellié,
   Que fa de flous blancos
   Coumo de papiè.

3. S'aquelos flous blancos
   Eroun d'amellous,
   N'emplirio la pocho
   Per yeu may per bous.

(1) Var. Jouts le pount de Nantos,
          Y a tres coumpagnous;
          Touto la neit cantoun,
          Cantoun pas per bous.

(2) Var. Se canto que cante
          Aco m'es égal.
          Es pos dins la luno
          Que n'é de trabal.

4. Aquelos mountagnos,
   Que ta nautos soun,
   M'empachoun de beze
   Mas amous oun soup.

5. Baissata bous, mountagnos,
   Baissata bous toutjoun
   Per me daissa beyre
   La miu Janetoun.

6. Aquelos mountagnos
   Que s'abaissaran
   Et mas amouretos
   Que s'aproucharan.

7. Los peyssos dins l'aygo,
   Las talpos pes prats,
   Las fennos pes omes,
   Las filhos pes goujats.

8. Quand y a tres filhos
   Al pé d'uno croux
   Pregoun la bierjeto
   Qu'y doun'un espous.

9. Que pla las esclairé,
   Que sio pos jalous,
   Mes pla badinayre
   Et fort amourous.

Nous possédons de cette chanson une version des Pyrénées-Orientales, et nous la
trouvons publiée dans les recueils suivants :
   Solleville, *Chants pop. Bas-Quercy*, p. 270-
273 et 274-275.

Cenac Moncaut, *Chants de Bigorre*, in bullet. soc. Ramond, t. XXV, p. 292, 4e trim. 1890.

Bladé, *Poés. pop. Gascogne*, t. II, p. 103, et t. III, p. 158, 1882.

Almanach patoués de l'Ariéjo, annado II, p. 20, 1892.

Une version de l'ancien comté de Foix et une version de la partie du département de l'Ariège ayant fait partie de la Gascogne.

2° Le paure Boussut.

1. A l'oumbreto d'un poumié,
Jano s'assouloumbrao.

Refrain.

Jano s'assouloumbrab'en ça,
Jano s'assouloumbrab'en là,
Jano s'assouloumbrao.

2. Un boussut ben à passa,
Jano le regardao.

3. Le boussut de soun coustat,
Regardao Jano.

4. Que regardos tu, boussut,
Yeu soun trop pichoto.

5. Per ta pichoto que tu sios,
Tu saras ma mio.

6. Saré pos jamay ta mio,
   Se fas pos sauta ta bosso.

7. Le boussut prea un mascot,
   Se fa sauta la bosso.

8. Ne damor'un razigot,
   Calguec que sautesse.

9. Le voilà le paure bossut,
   Le voilà sans bosso.

3° LE DAILHAYRE.

1. A bas dins la ribièro,
   Y a un prat à dailha.

Refrain.

   Troulala, troulala.

2. Tres poulidis jun'omes,
   L'an pres per le coups.

3. Tres poulidos filhetos,
   L'an pres à feneja.

4. La pus jobbe de toutos
   Ba querre le dina.

5. Le pus poulit dailhayre
   Pot pos brico dina.

6. Qu'abets, jauti dailhayre,
   Que pqudets pos dina ?

7. Bostros amoure me charmoun,
   Me las cal demanda.

8. Demandats à moun payre,
   Bous las accourdara.

9. Soun payre li diguec :
Bous poudets marida.

Anacharsis Combes, *Chants pop., pays castrais*, p. 35.

Bladé, *Poés. pop. Gascogne*, t. II, p. 226.

Solleville, *Chants pop. Bas-Quercy*, p. 55.

Daymard, *Collect. vieill. chans. recueill. à Sérignan*, p. 21-22, et *Chants pop. Quercy*, p. 120.

4° JANO.

1. Jano s'en ba cerca d'aygo,
D'aygo, d'aygo per pasta.

Refrain

Laytou, la la,
Laytou, laytou, la la,
D'aygo, d'aygo per pasta.
Laytou, la la,
D'aygo per pasta.

2. Quand la bel'arrib' à l'aygo,
Cabalié ben à passa.

3. O belo, baillats me d'aygo
Per moun chabal abeura.

4. Le merle dambe sa pato
S'en benguec la treboula.

5. O belo, baillats me d'aygo
Per moun chabal abeura.

6. Ah ! moussu, se boulets d'aygo
   Fariots pla de debala.

7. Le caballé proche d'elo
   A la foun benguec poussa.

8. O belo, se boulets d'aygo
   Un poutou boun coustara.

9. Un poutou n'es pos grand causo,
   Prenets ço que bous caldra.

Nous ferons remarquer que les derniers vers du couplet de cette chanson et de la précédente sont tous monorimes, et que, dans les deux, la rime consonante est en a.

5° Y A POS RES A FA.

1. Yeu aimab'uno droulleto
   De tout moun cor.
   Elo n'ero pla brabeto.
   Risio d'abord,
   Se birab' en ça,
   Se birab' en là,
   Se birab'en round,
   Se birabo toutjoun.

Refrain.

   Y a pos res a fa pécairé,
   Y a pos res a fa.

2. L'autre joun m'en anguegui
   Dins le bousquet,

De flous j'a n'amassegui
Per un bouquet,
Aquelo droulloto
Me l'a atrapat
Me l'a dissipat
Et jetat pel prat.

3. N'é uno cruelo peno
D'entr' amourous,
L'amour que m'encadeno
Rend malhurous,
Arribo souben
Trop facilomen,
Quand nous cal quita
Per nous sépara.

4. Le cop d'aquelo droulleto
M'a derengat,
La cresio brabeto,
M'a repoussat.
M'a pla tourmentat
Et cambobirat,
Crezio d'arribe,
M'a calgut fila.

Solleville, *Chants pop. Bas-Quercy*, p. 262,
a donné les deux premiers couplets de cette
jolie romance que nous avons pu retrouver
en entier.

6ᵉ LA BEILHADO.

1. Bous autres, junesso,
   Qu'aymats à beilha,
   Per uno mestresso
   Ne couréts be pla.

2. Ne patats la fango,
   Souben azagats,
   Et souben encaro
   Res nou n'abançats.

3. Qualque cop arribo
   D'estre des darniès,
   Mes la plac'es preso,
   Cal resta de pes.

4. Tristo countenénço!
   Aco ba fort mal
   Que per recoumpenso
   Calgue pluma d'al.

5. Demandoun de cartos
   Per passa le tens,
   Digus nou se jauto
   De perdre d'argen.

6. Ounz'ourqs arriboun,
   Caldra leu parti,
   Le capel se prenoun
   Et soun en cami.

7. Bos beni tu, Pierre?
   Bos beni tu, Jan?
   Soun las de bous siegre
   Et de pluma d'al.

8. Bous autros, junesso,
   Que fasets l'amour,
   Et bous, joubenetos,
   Cadun à soun tour.

7° LAS FILHOS A MARIDA.

1. A Labastido y a tres filhos
   Que se boloun marida ;
     Aquestos filhos
   Yeu atrobi que fan pla,
     Se soun poulidos.

2. La prumiero bol un faure,
   La secound'un sarrailhè,
     La pus poulido
   Ne prendri'un courdougne
     Dins sa boútiguo.

3. La belo dits à sa mayre
   Qu'aprestess'un boun dina
     Que sio houneste,
   Que le courdougne diu passa
     Et que s'y arreste.

4. Le courdougne li respoundec :
   D'un soupa ne boli pas
     A res nous còste,
   De soupa n'e pla prou pagats
     A taulo d'hoste.

5. Le chabal es à l'estable
   Tout selat et tout bridat,
     La ma en selo
   Et le capel à l'autro ma,
     — Bounjoun la belo.

6. Las murailhos soun de peyro
   Le soulel nou las found pas
   Ni may la luno.
   Et tout galan que l'amour fa
   Fa pos fourtuno.

8° LE PAYROULAYRE.

1. En rebenan de Fourcambilo
   Per beni filho trouba
   Diguegui : Madoumayzelo,
   Boulets-bous bous marida ?

   Refrain :

   Et loufafa
   Et loufafa.
   Estama cassettos,
   Foundre de culiès,
   Et de saliniès,
   Et de bénitiès,
   Et de poulidos bagos,
   Et payrols à rabouba,
   Loufafa.

2. Digats me, jantio maynado,
   Bous bouldriots pos marida
   Per estre la fenn'aymado,
   La fenno d'un Aubergnat ?

3. — Bay-t'en, bay-t'en, payroulayre,
   Es negre coumm'un talpat.
   — Qu'aco sio pos per desplayre,
   Terro negro fa boun blat.

Comparez : Solleville, *Chants pop. Quercy,*

p. 328. Daymard, *vieux chants pop. Quercy*, p. 156.

9° BIROLO.

1. Penden sept ans e fayt l'amour (*bis*).
   D'amb'uno jantio doumaizelo (*bis*).

   Refrain :

   Birolo.
   D'amb'uno jantio doumaizelo.

2. Quand les sept ans soun passats,
   La ba demanda à soun pèro.

3. — Diguats, diguats, janti marchan,
   Poudets me douna bostro filho ?

4. — Nani, nani, janti galan,
   La miu filho n'es trop poulido.

5. Quand le galan entend aco,
   Ba s'habilla en doumaizelo.

6. — Diguats, diguats, janti marchan,
   Me dounarets la retirado !

7. — Si fet, si fet, dintrats aici,
   Coucharets ambe ma chambriero.

8. As embirouns de miejoneit,
   Le galan caresso la filho.

9. — Quino doumaizelo sio bous,
   Que parlats autan d'amouretos ?

10. — Cap de doumaizelo soun pas,
    Yeu soun le tiu galan, ma belo.

11. Le lendouma de boun mayti
    Ba troubà le payr'à la belo.

12. — Diguats, diguats, jauti marchan,
    Pouriots douna madoumaizelo.

13. — Nani, nani, jauti galan,
    Madoumaizel'es trop poulido.

14. — Que la dounets, la dounets pas,
    Yeu n'é couchat amb'elo.

15. — Bébéts, bébéts, jauti galan,
    Boué boli douna la mio fibo.

16. — Aro que may la boli pas
    Poudets garda madoumaizelo.
    Communiqué par Auguste Fourès.

10° BELO ROSO, ROUSIE BLANC.

1. — Quand gagnats boua, la belo,
   Quand gagnats boua per an?

Refrain :

   Belo roso, rousie blanc.

2. — Yeu gagni pas grand cauao,
   Gagni que cinq cents francs.

3. — Ben'ambe yeu, la belo,
   Ne gagnaras autant.

4. Coucharas ambé ma mayre,
   Ambé yeu pas souben.

5. — Couchi pas amb' un ome,
   Sens martatg' al parabas.

6. Courouno sur la testo,
    Daban Dius et parents.

Traduction languedocienne d'une chanson française presque identique. Voir : E. Rolland, *Rec.*, *Chans. pop.*, t. II, p. 100.

11° LA BRUNO.

Al nostre bilatge, dins nostre quartié,
Y a uno bruno, sabi pas se l'aure.
Aici tout l'estat qu'y podi douna :
Uno simplo raubo fayt' en tafeta,
Unis souliès rousses amb'un ruban blanc,
Uno besto negr' aco n'es bouyan,
Un dabantal rougé, may tout ço que bol,
Et uno cadeno per se metr' al col.

Comparez Bladé, *Poés. pop.*, *Gascogne*, *Las goujatos de Pergan*, t. III, p. 70.

---

§ 2. — *Elégies*.

1. L'AGNEL.

1. L'agnel que m'as dounat
       S'en es anat
   Paysse dins la prado,
   L'agnel que m'as dounat
       S'en es anat
   Paysse dins le prat.

S'en es anat, sur l'herbo, pécairé,
Es crezen y trouba sa mayré,
Et yeu sans pus tarda
Boli per lo caressa.

2. Embrassec-mé, coursou,
Faym'un poutou,
Jouissen sans crento
Del plazé de l'amour
Qu'al cesté jour
Nous donne m'amour.
Sans tarda fay fini ma peno,
Dé moun cor briso la cadeno,
Et doun' à tous agnel
La libertat d'estre fidel.

Cette élégie, dont Soileville a donné une
version un peu différente dans ses *Chants
pop.* Bas-Quercy, p. 220, est très populaire
dans le Lauraguais, mais commence à être
délaissée aujourd'hui. Nous avons pu res-
tituer le vrai rythme métrique qui avait été
un peu dénaturé par Soileville.

2. LA MESTRESSO.

1. Yeu abio uno mestresseto
Que l'aymabi fidelomen,
La mort cruelo, ta cruelo,
Me l'a preso dins le moumen.

2. O mort cruelo, ta cruelo,
   Coussi m'as preso mas amous,
   Coussi pelèu l'as preso soulo,
   Que de nous daysse toutis dous.

3. M'en anire dessus sa toumbo
   Prégare Dius à génouillous.
   La belo pares coum'un oumbro
   Per counsoula soun amourous.

4. Paur'amourous, Diu te counsolo,
   Diu te douno soulatjomen,
   Aro soun foro de ma peno
   Et tu drintes dins le tourmen.

5. Anire dins un ermitatgé
   Passa le resto de mous jours
   Et moun manja sara d'erbatgé
   Et moun beûre sará lés plours !

Une version plus longue et arrangée différemment de Bélesta (Ariège) a été donnée par Lambert dans la *Revue des langues romanes*, année 1871, et reproduite dans l'*Almanac pat., Ariejo*, annad. 2, p. 32 (1892).

3. REGRETS.

1. Quand yeu t'aymabi,
   Toutjoun yeu rebabi
   Que t'aymario pos pus
   Tant ne fayt abus.

2. Tu sios un ingrat,
   Yeu te trop aymat,
   Et tant que biure
   Toutjoun t'aymare.

3. Las amous foupdados
   Sur cendres lo bent
   Las t'en empourtados ;
   Daqui moun tourmen.

4. Tu sios un ingrat,
   Yeu té trop aymat
   Et tant que biure
   Toutjoun t'aymare.

Section 4ᵉ. — **Chants matrimoniaux.**

§ 1ᵉʳ. — *Mariages.*

1. LE CRABIE

1. Moun payre m'a maridado,
   An'un crabie m'a dounado.
   En anan garda la crabado,
   El m'a perdut la mercado.

       Refrain.

   A la moupio de la oustancaro
   Regardo m'encaro,
   Trinça ça me dia
   Rigaudoun, ça me dia.

2. Trob'un pastre de la mountagno
  Que gardao sa troupelado.
    — Digats, pastre de la mountagno,
  N'abets pos bist la miu mercado !

3. Se la troubats dins bostr' herbatge,
  Bous dounare moun cor en gatge.
    — Preferario de boun froumatge
  Que noun pas bostre cor en gatge.

2. LE PAILLASSOU

1. Moun payre m'a maridado
  A la malhouro l'autre joun.
  An'un paillassou m'a dounado
  Quen fa que de paillassous.

Refrain.

Paureto, paurou.

2. Quand ben l'houro de la beilhado,
  Caldra trabailla toutis dous.
  Tu ne faras qualquos fusados
  Et yeu fara de paillassous.

3. Les embouyaren à la fiero
  Et les bendren un soou ou dous.
  Elo s'en anguec à la fièro
  Et bendec qualques paillassous.

4. Quand elo tournec de la fièro,
  Mountrec l'argen al pailhassou.
    — Que ne faren de l'argen aro ?
    — Ne croumparé un coutillon.

3. LE PICHOU MARIT.

1. Moun payre m'a dounat un marit
La semano passado,
Mes me l'a dounat trop petit,
Naut coum'uno fusado.

2. Yeu l'embouyer'al riu
Pouza per la ruscado,
Le riu debengue gros
L'aygo se l'emmenao.

3. Yeu m'en tourn' à l'oustal
Cerca foussou et palo,
Le foussou le trasio,
La palo l'y tournao.

4. Per me marida mal,
Trop, trop méri couitado,
Desmarida se cal,
Me soun desmaridado.

Daymard, *chants pop. Quercy*, p. 148 ;
Lou biel mari extravaguent, version de Séri-
nac (Lot) ; *Almanac patoues Ariejo*, annado
2, p. 23, 1892. Version recueillie par M.
Martin à Durban ; *La fenno trop couitado de
se marida*.

4. ROUSETO.

1. Digos-tu, belo Rouseto
   Digos-tu, bos te loua ?

Refrain :
Tralelilera, tralalero,
Digos-tu, bos te loua ?
Tralelilera, tralala.

2. Nani me loua ne boli
   Yeu me boli marida (1).

3. Amb'un faure de Lalaudo,
   Yeu te boli marida.

4. Nani, boli pas un faure
   Per que me fario mailla.

5. N'ajés poou, belo Rouseto,
   Tu jamay maillaras pas.

6. Le lendouma de las noços,
   Un paysan ben aguza.

7. Lebo té, belo Rouseto,
   Que te cal beni mailla.

8. Aco soun pas las proumessos
   Que me fasios l'autre jour.

9. Alabets, eros ma mestresso,
   Ar' es a yeu per toutjoun.

(1) Nota. — Ces couplets ne sont dits qu'exceptionnellement. La chanson commence presque toujours au couplet 3.

10. La premièro caudo qu'a fayto,
    S'a brulat le dabantal.

11. Le faure se met à rire,
    La Rousseto à ploura.

12. Plouros pas, belo Rousseto,
    Amb' un biel n'auras un noou.

13. Douma n'es la fier' à Belcaire,
    Et le mercat à Castelnoou.

14. Quand arribec de la fiero :
    — Quand te costo le dabantal ?

15. Le dabantal uno pistolo,
    Et le ruban un escut noou.

Comparez : Bladé, *poés. pop. Gascogne*, t. 3, p. 322 ; — Vieules, in *Rev. départ. Tarn*, t. 8, p. 256 ; — *Le Moniteur de l'Ariège*, 25 janvier 1891, reproduit dans l'*almanac patoues Ariejo*, p. 24, 1892 ; — L. de Santi, *Anthologie du Lauraguais*, La chanson du forgeron, in le journal *le Lauraguais*, numéros 124, 126, 127 et 128, novembre, décembre 1891.

5. LA MAL MARIDADO.

I

1. Moun payre me marido
   A l'atge de quinze ans,

M'a baillad' an un ome
Qu'a quatre-vingt-dets ans.

2. Le prumier souer de noço,
Amb' el me cal couoha,
Mes me biro l'esquino
Et fa pas que rounca.

3. Me lebi de boun' houro
Et bauc le lendouma
En courren chez moun payre
Per li counta l'afa.

4. Prend patienço, ma filho,
Toun ome mourira
Et saras l'hairitiero
De ço que daissara.

5. Merci, merci, moun payre,
Parles pas may d'afas,
Me fouti de richesso
Quand le plaze n'y es pas.

6. Aimario may un ome
A moun countentomen
Que ma bielho mounino
Ambe tout son argen.

Traduction d'une chanson française. Voir
E. Rolland, *chans. pop.*, *la mal maridado*, t.
I, p. 79 ; t. 2, p. 75. — Daymard, *chants
pop. Quercy*, p. 36.

II

1. Moun payre m'a maridado
   Le ramounet !
   Et maridado m'a,
   Le ramounet là-là.

2. Ei m'a dounat un joube
   Qu'a quatre-vingts ans passats.

3. Et yeu que n'è que quinze,
   Escaro les e pas.

4. Les finirè dimenge,
   Dimenge aprep dina.

5. Le souer de las poucetos
   Amb' el me cal coucha.

6. Le payre Ramounet
   Ne fè pos que rounca.

7. Le trapi per l'aureilho :
   Hé, birote déça !

8. Mes droumis coum' uno souco
   Sans brico se bira.

9. Et taleu chez moun payre
   Yeu bauc tout li counta.

10. Et me dits : prend patienço,
    Tout aco finira.

11. Aco' s facil' à dire,
    Mes loung à supourta.

12. Gracios à sa bieïllesso,
    Toun ome mourira.

13. Et sa grando richesso
    A tu t'appartendra.

14. Pey ne prendras un joube
    Que te counsoulara.

6. LE BIEL.

A bas, à las bordos, y aben un biel
Que se bol marida per passa l'hiber.
El cren pos ni tor, ni jalado, ni bent,
Car el se marido per le mayssant tems.
El n'a uno filho ambe dous goujats
Que li disoun : — payre, bous nous delayssats,
Nous prenets les mobles, nous fasets pla tort;
Bous poulren pos bez' à l'houro de la mort.
Adissiats, papa, boun poudets ana,
Se nous aymats pas, pouden pos ploura.
Ets un mayssant ome d'un mayssant cerbel,
Pourtarets de cornos jouts bostre capel !

7. LA BIELHO.

1. A Paris y a uno bielho
   Qu'a quatre-bingts ans passats.

2. Elo s'en ba à Marseillo
   Per aprene à pla dansa.

3. Al prumiè cop de la danso :
   — Galan, bos te marida ?

4. — Noun pas ambe tu, la bielho,
   Qu'as por res à me douna.

5. — E cent sacs de blat à bendre,
   Cent escuts à te bailha.

6. Bé, s'au bos, ta pla, la bielho,
   Nous poulrès leu marida.

7. Le dilus la troubec morto
   Et la calguec enterra.

8. Le dimars à la saueno
   Tout le mounde d'assista.

9. Et le dimecres nostr'ome
   Tournao se marida.

Bladé, *poés. pop. Gascogne*, t. III, p. 78, 84 et 98. Solleville, p. 68.

Pour quelques versions françaises, voir E. Rolland, *Rec. chans. pop.*, t. II, p. 226 et uiv.

8. LE JALOUS.

1. Filhos de quinz' ans
   Que n'abets forço galans,
   Per bous marida
   Bous cal pos pressa.

2. Prenets pos un biel,
   Mes un joubencel,
   Escarrabilhat,
   Fayt à bostre grat.

3. Quand on aymo pla,
   Se cal marida,
   Oh ! qu'aco's cruèl
   De ne prene un biel.

4, Le bieillard jalous,
   Jalous coum' un gous,
   Me bol empscha
   De me pla coufa.

5. Un joun, à dansa
   M'embito Pierrou,
   Amb'un gros bastou
   Le boullo truca.

6. Enfin, podi pas
   Ne fa un soul pas
   Sens que le miu biel
   Me manje de l'el.

---

§ 2. — *Mésaventures conjugales.*

1. LE MAL MARIDAT.

1. Bous, goujats, qu'anats en colho
   Per bous marida
   Quand crezets pla fa
   Causisquets pas uno folho.

2. Ah ! fasquets pas coumo you,
   N'é uno pecoro
   Que me f... deforo
   A belis cops de bastou.

3. Li engrani soul l'oustal,
   Labi le maynatge,
   Fauc foc al poutatge
   Et trobo que tout ba mal.

4. Taleu que dimenge arribo
   Cargui le capel
   Et ço de pus bel,
   Afirouiat coum'uno gribo.

5. Ma camis'és al cantou ;
   Bailho me, Louiso,
   Un'autro camiso
   Mens negro que de carbou.

6. Pren le pus gros des bastous
   A fi de me batre,
   Mes de quatr'en quatre
   Debali les esparrous.

7. A fa canta las galinos
   Couri coum'un rat
   Qu'es empouisounat
   En me fretan las esquinos.

2. Las respounsos de Marioun.

1. Ount eres-tu tantôt anado ?
   Refrain
   Courblu, mourblù, Marioun,
   — Al jardin culhi d'ensalado.
   Refrain
   Moun Dius, moun amic.

2. — Quin es aquel que te parlao ?
   — Pardi, n'ero ma camarado.

3. — Las filhos portoun pas espaso.
— Es sa counouilho que fielao.

4. — Mes sas culotos petassados ?
— Ero sa raubo retroussado.

5. — Las fennos portoun pas moustacho.
— Soun d'amouros qu'abio manjados.

6. — Oungan es pos brico l'annado.
— Eroun de l'annado passado.

7. — Ount las abio dounc enfermados?
— Dins la tiret' eroun tampados.

8. — Tu n'es uno fenno rusado,
— Jamay m'abion pos ta fachado.

9. — Te sautaran tres dits de testo.
— Eh ! moun Diu, que faras del resto.

10. — Oh ! n'ah f... per le finestro,
Gousses et gats n'ou faran festo.

Cenac-Moncaut, *Litt. pop. Gascogne,* p. 316, 318. *Las finessos de Marioun.* — Bladé, *Poés. pop. Gascogne,* t. II, p. 114 (pars), *Lou pastre.* Solleville, *Chants pop. Bas-Quercy,* p. 23. — E. Rolland, *Rec. chans. pop.,* t. II, p. 208, 219, outre deux versions françaises, a donné six versions patoises (sans compter celles de Solleville) sous le titre de *Les répliques de Marioun.* — Enfin, Daymard, *Vieux chants pop. Quercy,* p. 92,

nous a fait connaître une version de Roque-
cor avec le titre de *Lou Tsalons*.

On voit par là la popularité de cette chanson très goûtée en Lauraguais.

3. JACQUELINO.

1. Jacquelino n'en ba al mouli
   Mole es ascado.
   A troubat le mouliniè
   Dessus la mol' endourmit,
   Biro, biro, mouliniè,
   Mouliniè, biro.

2. Le mouliniè n'ero pas sot
   Trapo Jacquelino,
   La trapad' à bel brassat,
   L'a ficadó sus un sac,
   L'a faito l'esquino
   Pleno de farino.

3. Jacquelino tourn' à l'oustal
   Touto descoumoulado.
   Ah ! que tu m'as fait de mal,
   As pou poou d'un cop de pal ?
   Tae fayto l'esquino
   Touto de farino.

4. Aco n'es le mouliniè
   Aquel que me mandurao,
   Sabio pos pla soun mestiè

5

A you s'amusao.
Li e dit : bilen couqui,
Tiro, tiro te d'aqui.
Palpo la farîno,
Daïsso Jacquelino.

4. MARIOTO.

1. Le paur'ome moun beai
M'abertis souer et mayti :
Garo, garo, la tiu fenno,
Garo qu'elo fa pos pla,
Quand t'en bas à la beilhado,
Le capela la beu troubs.

2. Le lendouma l'ome sort
Mes se rebiro d'abord.
— Marioto, Marioto,
Beni, beni me durbi.
E debrembados las cordos
Et le barricat del bi.

3. — Ai, ai, ai, ount anirè
Ai, ai, ai, ount me metre ?
— Dintrats dins la pastandièro (1),

_____

(1) Var : Ai, ai, ai, a tout jamay
Soun perdut, ai, ai, ai, ai.
— Met te dins la pastaddièro
Acatat joute un lançoou.
En cas que moun marit bengue
Coumo quo n'auras pas poou.
Quand le paur'om'es arribat,

Estroupat dins un linçoou,
Encas que nostr'om'y angue,
Mes bous cal pos abe poou.

4. Le paur'om'y es anat,
A la pastandiero l'a troubat.
— Beni, beni, Marioto,
Beni bez'un gros rat,
Que dins la pastandièro
Te manjo tout le leban.

5. Que sio rat ou ratilhou,
Li cal baib'un cop de bastou,
Mès nous pas un cop à miejo,
Tant daban coumo darrè
Per que n'aje pas embejo
De tourna beze ma mouilhè.

Biadé, *poés. pop. Gascogne*, t. III, p. 10.
Version de l'Agenais recueillie par Lambert.

———

A la pastandièr'es anat.
— Fay bite, bite, Marioto,
Bite porto me le gat,
Car jamay tu de ta bido
Tu n'as bist un ta gros rat.
— O ratas, bilon ratas,
Te dounar'un gros latas,
Tres ou quatre t'en dounare
Tant daban coumo darre
Que nou tournes, per ma fé,
Jamay ambe ma mouilhè!

(Saint-Vincent, près Villefranche)

5. L'AZE DE MARIOUN.

I.

1. La Marioun s'en ba al mouli
   D'amb'uao couacuillo pleao de li
   Beze se pot mole encaro.

Refrain.

La poun patapoun,
La belo Marioun.

2. Quand le moulinié la bejec
   Sul cop de rire s'esclafec,
   Boua moudre la prumièro.

3. Darr'el mouli, y a un prunié
   Que fa de prunos en jambiè,
   Anats y estaca l'aze.

4. Quand le mouli fasio roun roun,
   Le moulinié parlao à Marioun,
   Le loup y manjec l'aze.

5. Quand Marioun bejec l'aze mort,
   Se metec à ploura tant fort,
   Que le moulinié n'ajec peno.

6. Dins ma bourseto y a sept escuts,
   Preuete n'en quatre, daissate b'en dus,
   Anate ne croumpa un autre aze.

7. Quand soun payre tourna la bejec,
   Y pousquec pos tene, plourec,
   Aquel n'es pos le nostr'azé.

8. Le nostr'aze abio tres pes blancs
   Dous de darre, un de daban,
   Aquel n'es pos le nostr'aze.

9. Le nostre n'abio le pel rous
   Et las aureilhos coumo beus,
   Aquel n'es pos le nostr'aze.

Les chansons de Jacquelino, Marioto et
celle-ci nous ont été données, avant sa mort,
par le regretté Auguste Fourés.

II.

1. Un joun, qu'ero encaro mayti,
   La Marioun s'en ba al mouli
   Mountado sur soun aze.

   Refrain.
   La poua patapoun,
   La belo Marioun.

2. En ço que le mouli birao
   Et le moulinié l'embrassao,
   Le loup escanec l'aze.

3. Plourets pas, belo Marioun,
   Bous cal pos ploura tout le joun
   D'abe perdut bostr'aze.

4. E dets escutą diuà moun falset,
   Dayssats n'en tres, prenets n'en sept,
   Croumparets un autr'aze.

5. Quand sa merò la bey beni,
   Le rire pousquec pos teni,
   Aco n'es pos nostr'aze.

6. Le nostr'aze n'abio tres pes blancs,
   Un de darre, dous de daban,
   Aco n'es pos nostr'azè.

7. Oungan a fayt un rud'hiber,
    Las bestios an cambiat de pel,
    Atal a fayt nostr'aze.

Cenac Moncaut, *litt. pop. Gascogne*, p. 421,
422, *L'aze à le goujo.* — Montel et Lambert,
chants pop. Languedoc, p. 464, 465. — Bladé,
poés. pop. Gascogne, III, p. 14. — Solleville,
Chants pop. Bas-Quercy, p. 61. — E. Rolland,
rec. chans. pop., t. I, p. 324, et t. 2, p. 176,
184.

SECTION 5e. — **Chants bachiques**

§ 1er. — *Femmes*

1. MARGOT.

1. Quand le boule ben de laura,
   Planto soun agulhado.
        Refrain.
   A, e, i, o, u,
   Planto soun agulhado.

2. Trobo Margot al pe del foc
   Tristo; descounsoulado.

3. Se n'es malauto, digom'oc,
   Te fare un poutatge (1).

---

(1) Variante : Uno soupo.

4. Amb'uno ramo de caulet,
   Uno lauzeto magro (1).

5. Te la faro dins un tarrie,
   La manjaras ambe la palo (2).

6. M'aymario may un capou gras
   Qu'uno lauseto magro.

7. Mes se mori m'enterraran
   Al proufound de la cabo.

8. Metran les pes jouta la paret,
   Le cap jouta la canelo.

9. Las goutetos que toumbaran
   Saran d'aygo segnado.

10. Les pelerins que passaran
    Beuran l'aygno segnado.

11. Diran un *Pater*, un *Abe*
    Per la pauro Bernado.

12. Et yeu tout dret m'en antre
    Dins le cel de las crabos.

13. Aqui les hommes soun courauts
    Las saumos duquetados.

Chanson très commune dans notre région
et dans les pays voisins. On peut consulter :
Combes, *chants popul. du pays Castrais*, p. 32 ;
Cenac-Moncaut, *litt. pop. Gascogne*, p. 310,
312 ; Bladé, *poés. pop. Gascogne*, t. ii, p. 250,

(1) Variante : Ua'albado d'un parel d'yooux.
(2) Ce couplet est souvent supprimé.

259 ; Daymard, *vieilles chans. recueill. à Sérignac*, p. 14, 15, et *vieux chants pop. Quercy*, p. 94 ; Solleville, *chants pop. Quercy*, p. 4, 5.

2. Las tres filhos.

1. Tres filhos, l'autre joun,
   Al bord d'uno canelo
   Amb'un bouci de pa
   Buderoun l'escudelo.

Refrain.

Rata, tralala, la, ra, la, la.

2. La pus joube des tres
   La budec sept cops pleno.
   Quand se calguec leba
   Aqui fousquec la peno.

3. Le medeci y ba,
   Las troubec endourmidos.
   Daban de s'en tourna,
   Raflec la pus poulido.

3. Las tres debotos.

1. Tres debotos assemblados
   Per nausea le goubelet,
   Aprep dets pintos budados
   Digueroun le chapelet.

Refrain.

Las pauros filhos aurion pla desirat
Que la barric' ajesse toutjoun durat.

2. Le piche que ne tiraboun
   Ero tout despouterlat
   Et ta leu que le baillaboun
   Es pas ple qu'ero budat.

3. Li announçoun la poubelo
   Que la barrico n'es al bas,
   Mes se meteroun en pregario
   Per que le bi manquesse pas.

4. Seffarfouilheroun le potcho
   Se trouberoun qualqu'arges.
   Ça diguec la pus debeto :
   — Couratg'encaro beuren.

4. L'AUJOLO.

1. L'autre joun la nostr'aujolo
   Prenio le fus per le douzil,
   Se met la ma jouts la goundolo
   Et met le fiel sur le founil.

Refren.

Pourtats le beyre, le beyre flascoulet,
Bi poudets en creze, me mori de set.

2. Quand elo fielo ou que debano
   Et qu'escoupla pla soun counnouil,
   Se bous besiots coussi l'ambeilho
   Coussi rousego le traboul.

3. L'autre joun nostro paur'ibrougno
   Yeu la boulguegui courroussa,
   Mes se sabiots quino besougno
   Et coussi me fasquec sauta !

5. LA COUSINIERO.

I

1. La cousiniero d'aquest'oustal
   Trempo la soup'amb'el jus del barral ;
   Le mayti, quand se cal leba,
   Le cap coumenço d'y rouda.

2. Moun Dius, me cal tourna al lieit
   N'e pos dourmit d'aquesto neit.
   Madamo, pleno de bountat,
   Ba querre moussu le curat.

3. Moussu le curàt, benets bitomen,
   La cousinier'es al darnie moumen.
   Moussu le bicar'es arribat,
   A troubat le couis-i bagnat.

4. Moun Diu, n'y a pos coufessiu,
   La cousinier'a fayt restituciu.
   Mes ço que la fario gari,
   Ei le metr'aygo dins le bi.

5. La cousiniero l'a entendùt :
   — Dayssats le bi coum'es nascut.
   Le bi sans aygo le trobi bou,
   L'ayg'i fa perdre sa liquou.

                         (Montferrand)

II

1. La sirbento de moussu Sicard
   Trobo pas bou le bi boufard,
   Per éstaibla l'oli et la sal
   Trempo la soup' amb' el jus del barral.

2. Quand a pla manjat et bebut,
   Alaro le cap li a doulgut.
   — Madamo, bauc clouca sul lieit
   Que n'é pas dourmit de la neit.

3. Madam' emboy' un goujat
   Per cerca moussu le curat.

4. — Madamo bous prego de beni à l'oustal,
   La noatro sirbento s'es troubado mal.

5. Taleu le curat arribat,
   El troubec le coulssi baguat.

6. — Madam', aban la coufessiu,
   Bostro sirbent' a fayt restituciu.

7. Madamo respound al curat :
   — Moussu, bous n'abets la mitat.
   — Sirbento, se boulets gari,
   Bous cal pas may bedre de bi.

8. Direts per pregayrio souer et mayti :
   Cal metre d'aygo dins le bi.
   — Aymàyrio may peleu mouri
   Que metre d'aygo dins le bi.

                          (Revel).

6. LAS TRES COUMAYROS.

1. L'autre jour, las tres coumayros
Que boulion masg'un banquet
Se digueroun l'un' à l'autro :
— Ount trouba de boun binet ?

Refrain.

Laynoun, laynet,
Laynoun, roubinet.

2. Nous cal ana chel noutari
Que n'y a de boun binet,
Ne troubaren dins l'armari,
Al founz del cabinet.

3. L'uno ne bebec dos pintos
Et l'autro ne bebec tres,
Et l'autro ne bebec quatre
Per fa beze qu'abion set.

4. L'uno piejo la murailho,
Et l'autro parlo francés,
L'autro crido flascoun flasco
Que digus y compren rés.

5. Leu rouncecoun jouts la taulo,
Les pes countro la paret
Per prouba que las coumayros
Aymoun pla le boun binet.

§ 2. — *Hommes*

1. LA TISANO DE GABEL

1. Cinquanto beit la boun'annado,
   Nous li cal raudre las aunous
   Que fourbis de bouné tisáno
   Et fa saysao les mousealhous.
   L'home toumbab'en defailleaço,
   Quand aurio manjat un camel
   Li mancabo per subsistenço
     De tisano de gabel.

2. Quand un souldat se met en routo
   Per y cambia dé garnisou,
   Sa sold'y sert à fa la soupo
   Sens s'escarta de la rasou,
   Calculo quant y a d'estapos,
   De sous esquipot fa l'apel,
   Aura, per li douna de forços,
     De tisano de gabel.

3. Les bignairous abion la taíao
   Cado cop qu'anabous pouda,
   En bexen la bigno malauto
   Se seriou mesis à ploura ;
   Aro cal que farquen en sorto
   De ne counserba le boun el
   Se boloun beur' à pleno goto
     De tisano de gabel.

4. Tounelies et marchans de cercles
   De tressairolos de sizens
   De tounels et miejis mioches

Es un pauc qu'abion mayssant temps,
Bezion desperi la futaille
Per tant que t'y tenguessen l'el,
Per la counserba, lour mancabo
De tisano de gabel.

5. Quin esproubec may de missro
Que nostre paysan en questiu,
Pourquejan al miey de l'ayero,
El ero peleu mort que biu.
Aro li semblo qu'es en noços.
Un bouquet orno soun capel,
Aura, per li douna de forços,
De tisano de Gabel.

6. Bacchus engatg' el propriétari
De presa pla les amatous
Aro qu'aben le nécessari
Accepten Mader'et liquous,
Le paure que que sio l'enduro
Gràcios al créatou del cel
Qu'a fournit la bouno pilulo
De tisano de gabel.

7. Cali' atendre la medecino,
Per pla sabé ço que bebion
Les qu'atrapaboun la mounino
Leu les sept doulous les prenion ;
Mes le bi réfresco de suito
Et le medeci' sans apel
Pouira pas canta sans musico
La tisano de gabel.

2. LES COUMPAGNOUS

1. Nous autr_{is} en bengata aici
   Per que nous an fait entendre
   Que dins aquesto maisou
   Es un boun repais à prendre
   Et saben beure pla souben
   Et tabes pla manja de sen.

   Refrain

   Beben, beben, coumpagnous,
   Mentre qu'aben le cor joyous.

2. Nous aus de bounis coumpagnous
   Coumpousan uno belo bando
   Netejan les plats les millous
   Sans atendre qui nous coumando.

3. Nous aus perden pas l'apetit
   Et saben manja las intrados
   Aici n'aben de boun roustit
   Intermitan qualques salados.

   Refrain

   Et per nous rampli de douçous
   Aben tabes bounos liquous.

4. Es soul lo mestre de loustal
   Que n'en rapourtara la glorio
   En nous dounan un boun regal
   Que sara dinne de memorio.

   Refrain

   Et se boulets noun aniren,
   Et se boulets damouraren.

3. L'IBROUGNO

1. A beure et à manja
   Oh ! yeu m'aplazi pla
   Et moun cor s'acountenlo,
   Mes çò que may me dol
   Es quand l'houstesso bol
   La miu peço de trento.

2. A l'houstesso d'aici
   Fanets me la beni
   Et diguats qu'elo mounte
   Se bol fa coumo nous,
   Pagaren en cansous
   Aura milhou soun coumpte.

3. D'aygo de l'Abayrou,
   Del Tarn et de l'Agoùt
   Et may de la Garono
   Aro n'auras pos prou
   Per laba le talou
   De la pauro madono !

4. JAN BOUNET

Paure Jan Bounet,
Que faras-tu aro ?
Tu tes abeuzat
Yeu ne soun encaro
Qualqu'un nous caldra trouba
Per tourna nous marida.

— Bè, ne prendren uno
Que gardaras la neit à la luno
Et que you prendra lo jeta
Per dansa lo rigaudoun.
— Paure Jan Bounet,
A la grossò gento
Te caldra lou peri
D'uno fayssou ou d'un autro.
Te caldra la restimoun
De ço qu'as panat l'estiu.
— You e pos jamay panat
Ni de mil ni may de blat
Ni may d'autre granatge
Ni may cap d'hillitatge.
Ne pos fait que mé diberti
Ambé la filho del besi.

5

Quand you arribi diue l'oustal,
Trobi que los afas ban mal;
Trobi la fenno que plouro,
You li disi qu'a rasou
Et s'ero pos la bergougno,
Li ficari'un cop de bastou.

Mes ma fenno me respound
De sa boux naussant lo soun
— Bielh despougno, tros d'ibrougno,
Tros d'ibrougno que bous ets,
Tournats boun dins la taberno,
La taberno dount bezets.

6

6

1. Ma mayrin'es morto,
   La cal enterra (bis),
   Oh ! la cal ensebeli
   Douma de mayti.

2. Y a de bi al flascou,
   Le cal acaba (bis),
   Le cal acaba
   Abey ou douma.

7

Jean Brunet
   Dits un berset
Dedius nostr'assemblado,
D'uno bouts enraucado
El dits que n'a pos set.

El trapo la bouteilho,
Dits qu'aco le rebeilho
Sens li douna la pel
Quoiqu'y destourne le cerbel.

8

Le frero Couilhandro
Aymo pla le bi
Quand es jouts la taulo
Ne beu un toupi.

Section 6ᵉ. — Chants bouffons.

4. Cansou des Messourgos.

Cette chanson, connue en français sous le
nom de : « Les Mensonges », ou « les contre-
vérités », est très goûtée en Lauraguais, où
nous avons pu en recueillir trois versions
différentes sans compter des variantes.

1

1. Soun anat dins le prat
   Proche de la barro,
   'Y e bist un gros rat
   Se batr' amb' uno parro.

2. Pus leng, un linot
   De gribos, un marmot,
   Quatre moutous, uno crabo
   Sus soun esquino pourtao.

3. Pus leng, un sourbet
   Pourtao de rabos
   Et sur un prunet
   Amassaboun de fabos.

4. Dins un trauc e bist
Doutze de cardis
Et uno un sapin
Un niu de lapin.

5. Aco's un piupiu
Qu'a bastit lo nin,
Et mens y pensao
May el n'abansao.

6. Dins un restoul
De paysaes s'assoulaßaoun,
Et may un gros poul
Les bigara l'empourtaoun.

7. E bist un berdet
Que bebi' à galet
Et joua' à pijoun-bolo
En fasen la cabriolo.

8. Et pus lent e bist
Quatré afourmies
Qu'ambe lours esquinos
Poudaoun las bignos.

9. E bist sus un roc
Un brau que cantao,
E dins un esclop
Un poub de prou s'arrueso.

10. Pus leng un pijoun
Jogue del bioufoun
Per fa dansa d'agassos
Que portoun moustachos.

11. Un gros aparrat
Rislo coum' un fat.

12. E bist dn gai blano
Sus uno bouçluro
Coum' un charlatan
Gari pic, bruidros.

13. Amb' un memo platou
Bous gariisto la doulou.
Franc coum' aze que reculo
Et bufato sul la pilulo.

Refren.

Soun un pauc blagur
Mes soun pas mentur.

2

Refrains.

1.

Yeu sab' uno cansou (*bis*)
Touto pleno de messourgos,
Roubinet.

2.

Yeu sab' uno cansou
Touto pleno de messourgos
Se y a uno bériat
Beli que me toundra.

3.

Yeu sabi la cansou
De Pierre Pigassou,
Yeu ne sab' un' autro
De Pierre que sauto.

Couplets.

1. Eri joute un prunié
   Cargat d'abelanos
   M'en toumbec uno sul pe
   Que me fa sanna l'aureilho.

2. De tant qu'elo sannec
   Ne rempliaquec dos tinos,
   Mes quand adouzilhec
   Ne rajec pos uno gouto.

3. Arribi sul mercat
   Quand tout le mounde s'en tourno.
   Crezi croumpa de blat
   Croump' uno saumo sourdo.

4. Bauo coupa un fagot
   Et raporti d'estoupos,
   Las meti dins le foc
   Me las brulao toutos.

5. Las fennos al jouquié
   Las galinos fielaboun.
   Les homes à la sout
   Et les porcs les menaboun.

— 235 —

6. Quand me dision : — prend dol,
Le rouge m'agradao ;
Me dision de ploura,
Le rire m'estoufao.

3

Refrain.

Digos, tu, l'home, n'es un mentur,
Tu n'as pos bist ço que yeu e bist.

1. E bist uno lauzeto
Que mena' uno carreto
Tout le loung d'un cami
Et que la fasio brouni.

2. E bist uno callo
Que fasio roust' un' espallo,
Et le callirat
Li tenio le tuzat.

3. E bist uno poulino
Que dins uno tino
A bebut le bi
Et fayt un pouli.

Comparez : Montel et Lambert, *Chants pop.
Languedoc*, p. 515 ; Noué, Solleville, *Chants
pop. Bas-Quercy*, p. 292 : Frascos et Galè-
jados, dont la version serre de près notre
numéro 1. — Rolland, *Rec. Chans. pop.* t. IV,

p. 58-64. Les Mentaries. — Daymard, *Vieux chants pop. Quercy*, p. 150, les contre-vérités. Cette version se rapproche du numéro 2.

2. LES DOLS D'UNO LÈBRÉ.

1. Escoutats de tout' aureilho,
   Aco n'es qu'uno bertat,
   Yeu, pauro lèbré timido,
   Pèr me salba de desertat.

2. A bas, à bas, à la plano,
   Enbricas qualque oulet,
   Soun estad' espaurido
   Per un pet de bourriquet.

3. Yeu soun negro, soun poulido
   Aprestado diss un plat.
   Mes se me dounats sourtido,
   Bous crebi pas l'estoumac.

4. E'uno sor que me ressemblo
   Que me ressembl' en bertat,
   Car aben biscut ensemble
   M'aurets per un autre plat.

5. Anats fa un tour de casso
   Et may bous passejarets.
   En dins la plano d'Escausso,
   Aqui bous l'atroubarets.

6. Enfin tout ço que yeu souhaiti
   Anaquel que m'a tuat,
   Toutis les goumes del moundé
   Per né fa un estoufat.

2. LA MOULINIERO.

1. Tout en me proumenan.

Refrain.

Ladèra,
Tout en me proumenan,
La, la, ladèra, de, rà,
Le loung de la ribèro.

2. Rencountrad' un praté
Qu'ère cargat de prunos.

3. Ne jeti moun bounèt
Per n'abatre qualqu'uno.

4. De tant de ban qu'ajec
Ne fasquec toumba uno.

5. La moulhiero sòrt
Sé mèt toút en coulèro.

6. — Quin es aquel biel perc
Que me manjat las prunos?

7. — Aco's le boèlr' aymât
Que n'a fayt toumba uno.

8. Tournats, aymat, tournats
Ne culhiren qualqu'uno.

9. — You ne pos res à fa
De bous ni de las prunos.

4. LE CAPEL.

1. Un paysan benio de Lalando
   D'un capel de paillo parat,
   Quand un gros aze que passao,
   L'a tout espalabissat.
   S'abio bist coumo Jan gulao :
   — Biro toun aze, farinel;
   Et le moulinie li cridao :
   — Chos quin capel ! chos quin capel !

2. Un moussurot se passejao
   Accoumpagnat de soun dounzel,
   Per countrobando ne pourtao
   Un fort grand capel à canel.
   Tout Naut-Bernat le regardao,
   Crezio que le troubaoun bel ;
   Abio tort, le mounde ! cridao :
   — Chos quin capel ! chos quin capel !

3. Le surlendouma de sas noços
   Le fil de Janet le rebound
   S'apercepiec qu'abie dos bossos
   Que li poussaboun sur le frount.
   — Ah ! ma fenno, de quin coufatge
   As cargat moun paure cerbel.
   Me disiou dins tout le bilatge :
   — Chos quin capel ! hos quin capel !

5. LAS ABANTUROS D'UN GOUJAT

1. Tournare pos à las balochos,
   Car m'y an trop pla estrillat,
   M'y an curat toutos las pochos,

M'an dayssat paure com'un rat,
M'an espouissarrat la lebito,
M'an aoousiat le capelou
En me prenen per un Jesuito,
Et yeu toutjoun disio que noy,

Refrain.

M'en soubendre touto la bido,
A tout moumen y penaaré,
Les trucs m'an relebat la billo
Que jamay pus n'en gariré.

2. N'es pos atal, lour y disio,
Que l'on maltrato un goujat.
Un coumissari que passao
Countec les trucs qu'abio sul cap,
Preguec les noums de las fretilhos,
Ça me diguec l'ome de le,
Prend per temouens de brabos filhos
Que bendran dire le perque.

3. Abets bist, brabos doumaiselos,
Abets bist ço que s'es passat,
M'an coupat las ditos bretelos,
Moun pantaloun pla repassat.
La pus poulid' et may doucillo
Me diguec d'un ayre fripoun :
Yeu bous y metre un'espillo,
Atal tendrà le pantaloun.

4. Talen tout cambio de tournuro,
L'agen me planto soun grapi
Et me diguec d'uno boux duro,

Coumo se n' er' un assassi ;
Me bas siegre jusquos al poste,
Aqui decideran toun sort,
Et se fau la mendre riposto,
Te faren coundamna à mort.

6. AL MOULI

1. La filho d'un paur'home
   Se lebo le mayti,
            Digodindi,
Pren soun blat et soun ego,
S'en ba dreit al mouli.

Refrain.

Carode, carodi.
Je l'ai vu tourner,
Biro, garo, moulinié,
Branler, rabirer,
La molo del mouli,
Cop ci, cop là,
         Digoda,
Se bol mole molera.

2. — Adissiats, moulinièro,
   Pouirio pas mòl' aici ?
   — Nani, nani, la belo,
   La molo n'es a pio.

3. — Arri, arri, saumeto,
   Meten nous en cami,
   Parten per ana mole
   A-n-un autre mouli.

4. — Adiesfats, moullale;
   Pouirio pos mole aiel ?
   — Si fet, si fet, la belo,
   Pausats le mil aqui.

5. En descendent de l'eso,
   Se moustreo le pounpil.
   Le moulinié l'a biat,
   Et biro le mouli.

Bladé, *Chants pop. Gascogne*, t. III, p. 40 ;
de boun maiti, et p. 45; *la hillo d'un bessi*, p.
46 (part.) Rolland, t. 3, p. 426 : *Au moulin*.

7. LE PERÒ CAPUCI.

1. De boun mayti se lebo
   Le Però Capuci,
   Pren soun blat et soun ego,
   S'en ba dret al mouli.

   Refrain.

   Trop s'ero lebat le mouèno,
   Trop s'ero lebat mayti.

2. La brumo n'er' espesso,
   La paure capuci
   Que n'y besio pos gayre
   Se troumpo de cami.

3. El mounto sur un albre
   Per beze soun cami,
   Mes la branco h' petè
   Et se f... apraqui.

4. En s'esclafan per terro,
   El sa coupec le digt,
   S'escarraugnec la queisso
   Et poussec un grand crid.

5. Dos filhos de la bilo
   Au entenden le crid
   Ban diré que le moueno
   S'ero tout espoutit.

6. L'un porto la fielasso
   Per estroupa le digt
   Et l'autro la charpio
   Per qu'aco sio garit.

7. Te cal pos, paure moueno,
   Te leba ta mayti
   Se bos pos que la brumo
   Te surprengu'en cami.

Bladè, poés. pop, Gascogne, t. 3, p. 46
(part.) et p. 112. — Solleville, chants pop.
Quercy, p. 316.

8. LA MAYRE ET LA FILHO

1. La mayr' ambe la filho
   Soun presos a prets fayt
   Ou per pouda la bigno,
   Ou per dailha le blat.

2. A prumiero gabèlo
    Au troubat un goujat,
    Mes ça diguec la mayro,
    Ne boli la mitat.

3. Mes, ça diguec la filho,
    Aco n'es a jutja,
    Cal ana cap al jutge,
    Lè jutj' au jutjara.

4. Mes, ço diguec le jutge,
    Aco n'es leu jutjat.
    Le goujat a la filho,
    La mayr' aura le blat.

5. — Le diable prengu' el jutge
    Que n'a ta mal jutjat,
    La filho joueneto
    Troubara un goujat.

6. Sans pla cerca, ma filho
    N'aura un à soun grat,
    Mes yeu que soun trop bieilho,
    Ne troubare pas cap.

Bladè, poés. pop. Gascogne, t. II, p. 308.
— Solleville, chants pop. Bas-Quercy, p. 44.
— Daymard, Vieux chants pop. Quercy, p.
445.

9. LE BOUSQUET.

L'autre jous, dins un bousquet,
Me deboutounegui et o... tout dret,
Le besoun m'en fasquec fayre

Ero l'estroun d'un suioulayro,
Et, per dîre la bertat,
Jamay s'nblò por tant e...

Le *Gril*, 2ᵉ année, n° 35 (1892).

..

Section 7°. — Chants légendaires

1. Miansou

— O Lauraguel, o Lauraghel,
Adoubats m'aquel anel,
Fasets le bal, fasets le bou,
Metets y le noum de la Miansou.
Quand frero Bourbou tingues l'anel,
A son frère va le porter.
— Adissiats, moun frère Bourbou,
Coussi se portoua à la maysou ?
— A la maisou se portent bien.
Ta femme s'es abandonnée.
— O Jamay croirei aou pouire
Que Miansou se soit abandonnée,
Yeu mountare sur moun griçou,
Anire tout dreit cap à Miansou.
Mès sa mayso qu'es al jordi,

De ta len que lo boy beni :
— O Miansou, femme jolie,
Aimabets pla bostre mari.
— Ma Mayre, dayssats la beni
Que yeu le fere réjoui.
Yeu anire à soun daban
Li pourtare moun bel efan.
Ambés quatre pes de soun chabal
A tuat soun pus bel efan.
A la quo de soun grisou
A estacat la Miansou.
— O Miansou, femme adorée,
Ount es l'anel que je t'ai donné ?
— Voilà la clef de moun écrin
— Dans le coffret vous le trouveres.
Mes le coufret fouèquec dubert,
L'anel d'or il a trélusj.
— O Mianson, femme jolie,
O, diurian pla nous réjoui.
— Tonto fenno qu'es à la mort
Se pot pos réjoui trop fort.
— A la guerro yeu anire
Frero Bourbou y tuare.
— N'au fasquès pas tu, moun espoùs,
Amb'un malhur ne farios dous.

Comparez : Damase Abaud., chants pop.

Provence, t. II, p. 8, Miansoun.

2. LES COUMPAGNOUS

Y abio trei coumpagnous d'Espagno
Que benion de fini sa campagno

7

De len bejeroun à beni
Uno bruneto, soun desir.
— Digos tu, charmanto bruneto,
Passaras pas le bosc souleto.
— Bous bailhare ma bagueleto
Se me daissats passa souleto.
— Ta baguelet'et toun coursatge
Cal que resten dins le bouscatge.

Taleu fini de la tira,
Parleroun d'ana dejuna.
— Cal ana dejuna chez l'hosto,
De là ount es la fillo morto.
— Adieu, ville de Perpignan,
Nous donnariots à déjuna ?
Ma fe, n'e tant dounat à d'autres
Que pod'en douna à bous autres.

Taleu finit de déjuna,
Le pus joubé boulguec paga ;
Quand se metec la ma en bourso
La bago d'or fousquec en courso.
— Mon Dieu ! quelle jolie baguette,
C'est la bague de ma fillette !

— Moussu, per qui dounc nous prenets ?
En pos tant lisas que cresets.
Anats boun cap al bousquet
Morto ou bibo l'y abets.

Roland, *recueil, chansons pop.,* t. III, p.
55, CLXXXII. L'anneau de la fille tuée dans
les bois. Version d'Uchand (Gard). — Damase

Arband, *Chants pop. Provence*, t. i, p. 420.
(La doulento, part.)

3. LA BELO MARIOUN.

La belo Marioun boun mayti sès lebado
Ambe soun flascoulet à la foun es anado.
Ne ben a rencountra tres cabaliès d'armado
Le prumiè li diguec qu'ès uno filh'aymado.
Le secound li diguec se s'ero maridado,
Le troisièm'i diguec que couchess'à l'armado.
Le couqui de marit aqui les escoutso
Amb'un tros de bastou li coupo l'esquinado.
— Belo mayre, benets, bostro filh'es *malado*.
Ah ! couqui de marit, es tu que l'as tuado !
— Per un pichou souflet al lleit s'en es anado.

Sa mayre li diguec, quand fousquec coufessado :
— Digo-me, Marietou, quin testomen bos fayre?
— Las bignos et les camps les bailhià mon frayre.

A ma sor Janetoun li bailhi las frisuros,
Al couqui de marit un pam de cordo fino
Et s'en trobo pas prou li bailhi la cadeno.

Damase Arband, chants pop., Provence,
t. ii, p. 108. La belo Margoutoun.

4. LA POUMO.

1. Al castel des Angleses
   Y a uno tan belo tour.

Refrain

La lireto, lanfan, lalira
Y a uno tan belo tour.

2. Y a une belo filheto
   Qu'un joub' i fa la cour.

3. Tres souldats de Toulouso
   Tabes li fan l'amour.

4. La prenoun et la menoun
   Jouts l' bel poumié d'amour.

5. Sio poum' ou poumairados
   Y a de ta belos flous.

6. Bendren las jeladetos
   Proche de sant Giroun.

7. Garden las poulidetos
   Per nous autres un joun.

8. Fan acata las brancos
   Ne fan perdre las flou s.

9. Atal fan joubenetos
   Qu'en perdent lous amous.

5. LA PASTOURELO.

1. Entre Paris et Saint Denis
   Rencountreb' uno pastourelo
   Yeu li é dit et demandat
   Se boulio estre ma mestresso
   Que sario á sa boulouniat.

2. Elo me respoundec que nou,
   Qu'ero filho trop joubeneto
   Que boulio pos se marida
   An aquel atgé d'amoureto
   Per quelo nou sabio pos prou.

3. Enfin se metoun à joua
   Et toutjoun la filho gagnao,
   Gagnao soun habillomen,
   Gagnao sa camiso blanco.
   — Janti galan, retourno-t-en.

4. Coussi dounc m'en retournario
   Yeu que soun le fil d'un coumte
   Et bous la filho d'un barou.
   Bous cal dounc permetre la belo
   Que siosque bostre serbitou.

5. Quand mon serbitou sariots bous
   Bous aniriots à la guerro
   Per un an et beleu per dous
   Et yeu, paureto Margarido,
   Damourario sens amourous.

6. Quand à la guerro yeu sarè
   T'embouyare de mas noubelos
   Per un messatge aboundous
   Per un roussignoulet salbatge
   Rapourtur de nostres amous.

—————

SECTION 8°. — Chants politiques.

1. LES BRACOUNIÈS.

Refrain

Bracouniès, prenguets de couratge,
Que la poou bous bengue pas saſi,
Car ne sario un grand doumatge
Jouts sa pato cale soufri.

1. Que debendrion dounc les segnous
S'ero pas les membres des paures ?
Les treize pouces d'anduzac
Ount les grapaude fan le pabat.
Nou sarioń pas tant empezats
Et nou sarioń pas auta gras.

2. Que debendrion dounc les segneus ?
Quand le paur' acablat de mal
Se retiro dins soun oustal
Per gagna sa soumbro cousino
Per un petarel esclairado
Ount le pus caud es à la dourno.

2. COUNTRO NAPOULEOUN 1er.

I

A Toulouso sul pount soou
El fasio tristo figuro
S'hairissao de la poou
En beson sa sépulturo
Aro l'abén atrapat
L'auzel à la graddos alos
Et l'aben dischalatat
Sul clouquié de la Daurado
Ount anao se pausa
Per y prene sa boulado,
En presénço des counquis
Li an arrancat cap et alo
Per metre los Fréderics
Dins la familho royalo

II

De la pel de Bounaparto
Ne boulen fa un tambour
Aniren de bil' en bilo
En ne faren dansa l'ours.
Et boun, boun, boun,
Bengue le rey de Franço,
Et boun, boun, boun,
A bas Napouleoun.

3. Barbès.

1. En parlan de Barbès
Quino testo soulido
Souben abio proumes
Paris la grand' bilo.
Aro bous caldra trambla
Toutis les rouyalistos
Et bous caldra dintra
Cadun dins sas gueritos
Ou se boulets en sourti,
Dansarets en musico
Et bous diran coussi,
Bibo la républico !

2. Le rey n'abio' l per gris,
Faren fa de redoutos
Per coumbatre Paris,
El et touto sa troupo,
Ne pensec à mouri
Quand béjec soun armado
Que boulio pas serbi
A co qu'y coumandao,
Fasquec sa demissiu
Et partisquec de suito
Sanse nous dir' adiu,
Bibo la Républico !

— 253 —

Nous croyons ne pas pouvoir terminer cette quatrième partie la plus importante de toutes sans adresser nos remerciments aux collaborateurs dévoués qui ont bien voulu nous fournir les renseignements les plus nombreux :

Audouy, employé au greffe, Villefranche.
Barlam, Jean, St-Vincent, canton de Villefranche.
Barriety, Léon, Villefranche.
Billac, Abel, Villefranche.
Blanc, Angélique, à Mourville, c⁰ⁿ de Caraman.
Bourrel, meunier, Villefranche.
Brousse, Jean, Montgaillard, cⁿ de Villefranche.
Desazars (baron de), Montgaillard, Avignonet, canton de Villefranche.
Fouët, Antoinette, de Villefranche, décédée.
Fourès, Auguste, Castelnaudary (Aude), décédé.
Gleyzes (famille), du canton de Revel.
Guiraud, Jean, de Varennes, cⁿ de Montgiscard.
Plantade, meunier, originaire de Gardouch, canton de Villefranche.
Prat, Jacques, maçon, Villefranche.
Rigues, Alexandre, Odars, cⁿ de Montgiscard.
Rogos, Paul, Villefranche.
Séguy, Jean, meunier, Gardouch, canton de Villefranche.
Siore, Germaine, de Lux, canton de Villefranche.
Thabaut, Pierre, de Villefranche.
Trabouil, Jacques, de Montgaillard.

Tourinel, Marie, de Montferrand, canton de
    Castelnaudary (Aude).
Vitrac (D⁷), Lanta.
Femme X., de Calmont, canton de Nailloux.
Id., de Baziège, canton de Montgiscard.
Id., de Sainte-Foy d'Aigrefeuille, canton de Lanta.
X..., roulier, originaire de Lanta.

H. Amalric, 14, rue de l'Hôtel-de-Ville, Albi. —1892—750

www.ingramcontent.com/pod-product-compliance
Lightning Source LLC
Chambersburg PA
CBHW070803270326
41927CB00010B/2263